大象跳舞
Elephant Dancing

從設計思考到創意官僚
Creative Bureaucracy through Design Thinking

陳郁秀 編

劉舜仁 著

白鷺鷥文教基金會 策劃　　遠流出版公司 出版
Egret Cultural & Educational Foundation

目錄 I_ 從主題探討到個案操作

序言

第一部分 _ 主題探討

第二部分 _ 個案操作

目錄 II_ 作為工具書的使用索引

序

郁秀姐是傑出的音樂家，長期投入臺灣文化、藝術及歷史等面向的推廣及保存工作，令人欽佩。二〇一〇年，臺南升格為直轄市，我擔任大臺南的市長，在我力邀之下，敦請兼具文化、藝術專業，且中央行政資歷豐富的郁秀姐出任市府顧問。我特別感謝她秉持一份愛護臺灣的心，不辭辛勞地協助臺南市行政團隊，邀集相關專家學者，與市府的局處首長及業務同仁相互交流，期能透過創意發想、凝聚共識，為臺南文化藝術相關計畫，提出更美好的願景。

尤其，臺南素來以古蹟及歷史文化聞名，應該以「文化立市」，讓臺南成為臺灣的文化首都，讓任何人來到臺南，就知道臺灣，讓市民感到光榮，讓臺灣人產生認同。我在市府服務時，也特別強調市府的施政都要融入文化思維，唯有如此，臺南的文化首都之名，才能紮實、穩固。本書中所提出的各項專案計畫，也不脫這個原則，藉由突破傳統規劃、有效的設計思考工具，整合產學研不同面向的意見，產出行動方案，延續並拓展舊城的歷史文化，以創新的精神為臺南注入源源不絕的活力。

畢竟，民主社會裡，不同角色、位置的人們，對於城市發展的願景會有不同的想法，行政團隊內部也是如此。因此，在形成政策及政策執行的過程中，如何整合意見、互惠合作，在在需要創意的思維及創新的能力。本書記錄的設計工作坊、行動論壇等，以創新形式的對話平台，腦力激盪、動手實作及交叉討論，將多元的意見及創意整合起來，繼而提出對於各產業的創意規畫方向，以作為政府施政的參考。

一般人都認為大象不會跳舞，行政機關都是呆板、僵化，看了這本書，我相信能夠翻轉一般人的刻版印象；在交換意見及凝聚共識的過程中，局處首長與業務同仁跨越部門的藩籬及本位思考，充分發揮集體的智慧，共同尋找實務上的解決方案，我們看到，透過這樣創新的溝通模式，不僅能加強團隊合作及向心力，為政府組織運作注入新的活力，也能讓政策執行更加順利。

我要再次感謝郁秀姐與劉舜仁教授的團隊，協助臺南市政府進行政策相關的創意思考討論，也期待本書能夠刺激更多人跳脫既有的框架，翻轉舊的思維，一起讓更多的大象跳起舞來，也讓更多的創意帶動臺灣大步向前！

賴清德

編者序

回想過往，每一個階段所從事的工作都是一步一腳印累積各種經驗中堆疊的成果。從小學琴、赴法就學、學成歸國後進入學校體系教學、擔任音樂系系主任、藝術學院院長；2000 年開始進入政府部門擔負首長之職，文建會主委、無任所大使、文化總會秘書長、兩廳院董事長；其後，以民間智庫角色，協助政府部門推動重大活動與創新政策，如以藝術總監身分協助高雄市政府辦理世界運動會，以及在臺南市政府賴清德市長邀請下擔任臺南市政府顧問，執行三年的臺南市政府市政創新，到今日擔任公廣集團董事長。

四十多年的職場上，涉及大小事務的執行與政策的擬訂，也深刻體會不論是公務體系或民間團體的運作，內部各層級人員的觀念、思維與態度，是決定政策良莠與是否能具體落實的關鍵。簡言之，「人」框架了組織文化，使之機關（構）如同一隻大象，行動緩慢，但牠具超高智慧，一旦獲得啟發，即可靈活自如甚至可以自己舞出美妙的體姿。

2003 年起連續三年，在賴清德市長的信任與白鷺鷥基金會的支持下，我和成功大學劉舜仁教授、世界知名的頂級建築工程顧問公司—艾奕康 (AECOM) 工程顧問股份有限公司結下深厚之緣，以官學產的組合，進行臺南市政府行政人員創意思考的養成以及相關政策整合與制訂過程的演練工程。稱之為「工程」，在於這個作業必須結合一群擁有各種知能的學者專家，在一套操作機制下，逐步的領導參與人員，先解構僵化的公部門規範與行政倫理架構，再一層層的建構起政策辯論的信心以及跨領域思考邏輯與合作態度。整個過程是繁瑣、交織且需要迅速的組織、分類能力，但由於目標、步驟與方法明確，因此，三年間分別完成「新世紀 (2024) 臺南文創大道行動論壇」、「願景臺南 Vision Tainan」、「臺南市產業創意行動論壇與總體規劃」三套成果專輯。

這三年的執行方式與成效，不但獲得賴市長的肯定，部分建議列入市政預算具體執行，也引來印尼政府的青睞。2016 年，印尼帕朗卡拉亞（Palangkara-ya）和山口洋市（Singkawang）兩個城市首長率十餘位高階官員到成功大學取經，學習這套設計思考的方法，同時攜回具體的市政政策，可說是一項重要的國際交流。這套策略操作與跨部門合作機制模式，不僅適用於公部門，也可運用於企業界，作為公司治理與激勵組織間合作的工作規範。因此，再度邀請成功大學劉舜仁教授協助，將之整合成為一套工具書，供各界參考使用。

這本書能順利的進行、完成與出版，承蒙劉舜仁教授及其團隊，童子賢董事長、張杏如董事長、王榮文董事長的大力支持與合作，在此併致誠摯的謝意。更期盼創意當道的時刻，能發揮引領設計思考的風潮，讓各個政府部門與民間企業能開展「大象跳舞」的宏圖大業。

陳郁秀

第一部分 _ 主題探討

壹、前言

The only way to make sense out of change is to plunge into it, move with it, and join the dance .
– Alan Watts

理解變動的唯一方法就是沈浸在變動之中，並與之前進，與之共舞。
– 阿倫‧沃茨

「大象跳舞」探討的是龐大的政府組織如何可以跳脫框架、展現創意。傳統的政府官僚受限於既有的制度與運作模式，在面對當前社會與產業急速變化的需求時，往往像隻笨重的大象，移動緩慢而拙於應對；尤有甚之，像是隻深陷泥沼的大象，無法自拔。

有趣的是自 21 世紀開始，在全球化、都市化、以及生態環保的趨勢下，城市逐漸取代了國家成了區域競爭與政策執行的實體單位，「創意城市」更成為多數地方政府努力追求的目標，此時「創意」與「官僚」兩個看似衝突矛盾的觀念結合在一起，讓我們有機會重新省視，尋找另一種新的定義與操作的可能性。就像「跳舞」與「大象」這兩者看似不合邏輯的組合，給予我們無窮的想像，讓我們敢大膽提問：「如何讓大象跳起舞來？」抑或是「如何與大象共舞？」

要「讓大象跳舞」或「與大象跳舞」接著需要回答的是關於方法的問題，也就是要透過什麼工具與程序可以讓此事件發生。如果說官僚起因於科層化的組織與集中式的決策，以致容易形成本位主義與封閉思維，缺少橫向與縱向溝通，那麼該思索的是如何導入一種工作方式，使得官僚組織在不知不覺之中能夠活絡起來，同時能夠消除垂直的階級差異以及水平的門戶障礙，進一步帶動相關人員的參與及合作。

過去 4 年來，我們試圖透過「設計思考」來啟動「創意官僚」的探索。設計思考強調的是每位參與者都有其個別的知識與經驗，經由一系列仔細規劃的步驟，可以將這些知識與經驗貢獻於集體的創作。

如果政府部門能夠善用設計思考作為政策發想與規劃的工具，同仁們會有更高的參與感與更多的貢獻，也會為組織建立更多創意方面的自信，藉此逐步帶動既有組織的轉變，這是我們從過去 10 個案例當中看到最有價值的地方。

貳、背景理論與方法

……儘管他們的角色截然不同，但建築師們緊密合作實現了他們的夢想，並得到了超級創意官僚機構的堅定支持……經過 15 年的孵化，他們的新建築震驚了全世界 – 代謝論 – 提出了整片土地的徹底改造……
– 雷姆・庫哈斯與漢斯・奧布利斯特

　　從設計思考到創意官僚的探索一路下來充滿未知，沒有什麼先例可循，我們單純地想從問題本身以及跟參與者互動的過程中逐漸理出一條道路。幸好過程中得力於一些相關文獻與案例的啟發，使得觸摸大象不至於漫無頭緒，慢慢從試誤中找到了一些節奏與模樣，可以建立一點章法開始跟大象跳舞。

　　這些文獻與案例包含了理論與方法。理論部分主要有關「創意城市」與「創意官僚」，是此次探索的知識基礎；方法部分則以「設計思考」為主，是此次探索的操作架構。如同設計思考強調的「原型製作」，從設計思考到創意官僚的探索不該被視為最後用以大量複製的樣板，它也不是最終的成品，而應做為驅動下一次實驗與創新的草模型，等待激發之後的回應與轉變。

1. 創意城市
1.1 關於創意城市的論述

　　創意城市的討論與實踐方興未艾，對臺灣的影響主要有兩個來源。其中之一是英國的查爾斯・蘭德利，他的著作《創意城市》強調「創意」是啟動城市創造力與經濟力的關鍵，城市若能鼓勵市民發揮想像力，充分利用自身的文化資產與潛力，建立創新組織與領導力，就有機會提升城市的競爭力。相反地，「我們若繼續依賴陳舊的機制與心態去嘗試解決城市問題，將遭遇相同的障礙。」（蘭德利，2008: 58）

　　因此之故，蘭德利在《創意城市》的第二部分花了相當多的篇幅探討「城市創意的動能」，試圖提出「創意氛圍」作為環境形塑的目標；在第三部分則探討「城市創意的概念工具」，提出「城市創意循環」作為規劃行動的概念架構。《創意城市》首次出版於 2000 年，在 2008 年發行繁體中文版，蘭德利同時於 2006 年至 2016 年多次受臺北市政府邀請來臺擔任創意城市顧問，並協助臺北市推動發展「2016 世界設計之都」。

　　蘭德利呼籲大家重新思考城市的規劃、發展、與管理。他引用 Cedric Price 的城市演化概念如圖 1 所示，說明城市的空間結構，從早期的城市是生活密集的中心由城牆保護猶如水煮蛋，歷經 17 至 19 世紀的工業與人口成長與城牆拆除如荷包蛋，到現今單一中心消失，居

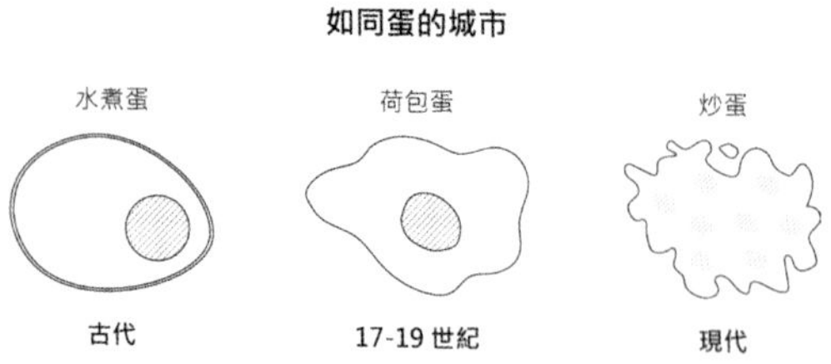

如同蛋的城市

圖 1.　城市演化概念圖 (本圖改繪自 Cedric Price 原圖)

住、工作、購物跟隨運輸系統成長交織如炒蛋。（註 1）在此新時代的城市發展階段，城市治理的方式已經逐漸從由上而下的「總體規劃」導向為「授權式規劃」與強化城市的「創意氛圍」。前進的城市需要設法在運作中注入創意文化的活水，並擴散影響至其他相關組織與單位。

另一個主導論述則來自美國的理查・佛羅里達。佛羅里達有關城市的理論最重要的是他對「創意階級」的定義，他認為過去城市的經濟發展主要來自天然資源 (如礦產)、工業生產、以及交通的便利性；然而，隨著時代變遷，創意已成為一個城市成長的關鍵因素，而創意階級就是城市創意資本的生產者。佛羅里達相信「人類的創造力是經濟成長的最終根源。」所以，城市「最重要的是要讓人才聚集，然後從中汲取他們帶動創新與經濟成長的能量。」（佛羅里達，2006: 39, 49）

有別於傳統城市的做法是提供工作與發展機會來吸引外來人口，創意城市則提供了各種生活型態的舒適性來吸引創意人才。根據佛羅里達（2006: 89, 156）的研究，城市的「文化設施」與「環境品質」是吸引創意人才的重要因素，

他還進一步建立了「酷指數」(Coolness Factor) 說明 22 至 29 歲的年輕人口、夜生活以及文化設施的品質對於城市魅力的貢獻。

佛羅里達對創意與城市發展最基本的主張是 3T，即科技 (Technology)、人才 (Talent)、包容 (Tolence)。佛羅里達將科技列為 3T 之首，他相信科技是推動經濟成長最重要的動力。其次是人才，除了一般所謂的人力資本之外，佛羅里達特別強調以創意人口為基準的創意資本。最後是包容，指的是對外來移民、不同族群、乃至同性戀者的開放態度，包容的城市會吸引多樣的人才移入，取得較好的經濟競爭力。（2006: 9-12）

簡・雅各布斯則早在 1960 年代就大聲疾呼「多樣性」是城市維持活力的根源，如何產生足夠豐富的多樣性以支持城市的文明乃城市規劃首要之務。雅各布斯的《美國大城市的死與生》被社會學家威廉・懷特譽為「有史以來關於城市的最出色著作之一……一切皆出自作者的眼睛與心靈，但它以精妙的研究，讓我們明白城市的生命和精神來自何處。」（註 2）

有別於傳統的城市規劃理論，雅各布斯用她對城市生活的熱愛與敏銳的觀察，綜合整理多年研究所得，認為要在城市中產生多樣性有 4 項條件是不可缺少的：(1) 主要混合使用之必要性、(2) 小街廓之必要性、(3) 老建築之必要性、(4) 密度集中之必要性。這 4 項條件並非各自獨立，他們需要共同作用才能創造城市的多樣性。

特別在老建築之必要性方面，雅各布斯強調「新想法必須用老房子」，她指的是一般年輕的創業家或藝文工作者通常無力負擔高額的房租費用，必須多利用區域閒置的老屋，而且一開始並不見得對城市經濟有直接貢獻。然而，城市若要創造成功的多樣性，必須是高產出、中產出、低產出、甚至是無產出的各類企業的混合。城市裡的老建築可以說是小企業與年輕人創新創業的孵化空間。（註3）雅各布斯嚴厲批判過去政府的都市更新不尊重大多數城市居民的需求，主張波西米亞族群（即文化藝術工作者）所佔據的老房子是城市創意生產的重要基地。

綜合上述，蘭德利強調在城市的運作中注入創意的活力，發揮城市自身的文化特色，形成生生不息的創意循環；佛羅里達倡議城市最重要的任務是匯集創意人才，讓他們在開放包容的環境中自在生活與工作，開發他們的創意潛能；雅各布斯呼籲回到以人為本的城市規劃，提倡人口集中與街區業種的多樣性，鼓勵新創企業及藝術家使用閒置的老房子。如果創意官僚的目的是為營造比過往更美好的城市環境，前述幾位提出的方向與課題都值得作為城市治理決策的參考。

除此之外，傳統由上而下的規劃模式如何（how）與何時（when）融入由下而上的意見與想法，在臺灣的創意城市發展中勢必要好好提出探討。同時，面對未來智慧城市、生態城市、循環城市等新的發展趨勢，科技應用的強度與速度都不斷提升，如何不再重蹈以往以經濟與科技掛帥的覆轍，不再以工具為

目的，真正回歸以人為中心的城市規劃，特別值得創意官僚深思。

1.2 投身城市創意的 3 種人

如果創意城市的發展關鍵是「人」，我們就應該進一步檢視有哪幾種人對於城市創意的生產具有較重大的影響。以下分別從「創意人才」、「創意官僚」、「創意市民」三種類型探討。其中創意官僚可以視為銜接專業的創意人才到一般市民大眾的橋樑。

（1）創意人才

佛羅里達指出「創意階級」的興起帶來未來城市經濟發展的動力，有別於傳統的「勞動階級」與「服務階級」，創意階級主要包含了作家、藝術家、設計師、建築師、科學家、文化工作者、社會思想的領導人等等，他們雖然在不同的領域工作，但都具有某種才華與創新的能力，而且他們共同的特徵是「所從事的工作是要創造有意義的新形式。」（佛羅里達，2006: 57）將創意人才視為城市的資產是邁向創意城市的第一步，當各式各樣的創意人才能夠被吸引到一個城市定居、工作、生活，就有機會為這個城市帶來源源不絕的想像力與創造力。

（2）創意官僚

官僚在過去是被視為最沒有創意的一群人，並非是他們不想有創意或是有創造力的表現，而是在政府體系制式化、講求效率與控制的運作下，個人很

難有想像力與創造力的發揮。嘲諷的是任何組織的創新與進步都得來自其受僱人員,個體的創造力決定了一個組織集體的創新能力,政府部門掌握各種公共資源的規劃與分配,若是各個部門的僱員都僵化在傳統官僚的思維下,創意城市的願景恐怕難以令人期待。

蘭德利近年特別強調「創意官僚」的重要性,他提到:「我們必須改變過去對官僚體系的觀感。許多在官僚體系工作的人並未充分表現他們的才華。我們可否創造一種狀況使他們具備更好的想像力、創造力、與能力。」(Landry, 2010, 2011)

（3）創意市民

創意城市的終極目標是所有市民都具有創意思維,懂得運用創新的方法去解決日常生活大大小小的問題。臺北市在 2016 年世界設計之都提出的核心訴求為「不斷提升的城市」(Adaptive City),期盼透過一系列的論壇與展覽活動搭配設計思考工作坊,促使設計融入市民生活,「讓所有的市民都成為社區、學校、商圈、城市的創意種子,積極帶動城市創新……」同時強調:「我們深信,培育出具備解決問題能力及設計思維的現代公民,是促成城市不斷調整及進化的原動力。」(2016 臺北世界設計之都官網)

創意市民的養成需要長時間與整體環境的支持,如何促進市民喜愛自己的城市,從小做起,關心身邊環境的事物且願意投入改變,是邁向創意市民的第一步。

1.3 創意城市的目的:從適宜居住到令人喜愛

城市滿足市民多種不同層次的需求。Kageyama (2011) 曾描繪了一張金字塔型結構如圖 2. 所示,這張圖由下而上,涵蓋了從最基本的機能性、安全性、舒適性的需求、到心理上的歡樂、有趣、有意義。創意城市建構的目的一方面要達到實質環境的「適宜居住」(livable),另一方面也需要追求精神狀態的「令人喜愛」(lovable)。「令人喜愛」涉及個人對於城市的認同、歸屬感、以及情感與記憶上的關聯性,往往超越城市的硬體與基礎建設,多需要在文化藝術與生活型態上連結市民內心的感受。

以下有兩個關於城市生活品質的評量指標值得參考。

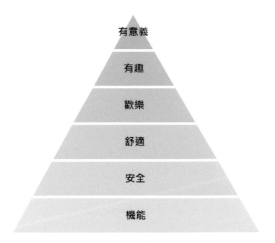

圖 2. 城市功能結構圖
(本圖改繪自 Kageyama, 2011: 20)

首先，經濟學人智庫 (EIU) 每年評選「世界最佳居住城市」，主要根據 5 個大類共 30 項定量或定性的因素進行評比。這 5 大類包含城市的基礎設施、安定性、醫療衛生、教育、與文化環境。(The Economist, 2017)

其次是英國知名的生活時尚雜誌 Monocle。自 2007 創刊迄今，Monocle 每年評選全世界最宜居住的城市，主要根據 22 項指標，除了一般性的指標如人口數、失業率、房價及生活費用、新創企業、國際航線、日照時數、綠地面積、自行車道長度、公共圖書館數量之外，有時會加入特殊的考量因素，例如 2016 年引進「獨立書店數量」、2013 年增加「星期日晚餐的方便程度」。這些特殊的評選因素有助於在多數城市共同的標準之外，發現城市與市民之間細微的生活品質。

此外，聯合國教科文組織「創意城市網絡」(UCCN) 創立於 2004 年，倡導「創意」作為城市在經濟、社會、文化、及環境方面可持續性發展之策略因素，同時強化成員城市之間的經驗分享與共同合作。

創意城市網絡區分有 7 項文化藝術的主題城市，包含：文學之都、電影之都、音樂之都、手工業和民間藝術之都、設計之都、媒體藝術之都、美食之都。其中「設計之都」的主題，從 2005 年到 2017 年共入選了 17 個城市，亞洲入選的城市有神戶、名古屋、深圳、上海、首爾、北京、武漢等 7 個城市。追求文化藝術方面的卓越表現也逐漸成為城市國際競爭力的指標。

2. 創意官僚的概念與進程
2.1 官僚的形成與新改變

官僚的本質是「集中化」與「形式化」。當一個機構或組織的決策集中在少數領導階層，行事依循既定規則與標準程序，往往就容易導致官僚的形成。(Hirst, van Knippenberg, Chen, & Sacramento, 2011: 626) 在官僚的工作環境中，多數人僅能接受上級的指令而難以參與決策，個人在繁瑣與僵硬的規定制約下逐漸習於被動、封閉、保守而無法發揮創造力。

官僚的出現有其時代背景，最具代表性的是軍隊與工廠。為了讓一群人在一定時間內一致性、有效率地依步驟完成事務，軍隊與工廠都需要建立結構化與階層性的組織。(Landry, 2010) 然而，面對創新的時代，軍隊與工廠的範型逐漸失效，取而代之的是扁平化、網絡式、動態、有機、與開放的組織模式。無怪乎 Styhre (2007) 要呼籲在此「流動的年代」(Age of Fluidity)，我們需要從另一種角度來重新省思「創意官僚」的可能性。

Styhre（2007: 108）曾對兩個知名的大型組織：富豪汽車公司及阿斯利康製藥公司進行研究，提出了「創業型官僚」及「以科學為基礎的官僚」兩種創新類型，指出機能性與科層化的大型組織不必然無法創新，關鍵是「在甚麼樣的條件下」(under what conditions) 能夠容納不同跨專業領域與外部人才參與創新。

Styhre 的結論是官僚機構必須被視為一種遞歸式調節過程的結果，而不是

自我封閉的結構，才有機會轉變回應外部環境的快速改變。

2.2 創意官僚的必要性與迫切性

　　政府部門掌握眾多公共資源，肩負公共政策的擬定，在創意城市的推動發展中扮演重要角色，傳統政府官僚的轉型有必要性與迫切性。朝向創意官僚將有助於政府部門準確有效的處理創意城市的相關議題：(1) 理解創意經濟知識工作者的環境需求；(2) 打造創意經濟所需的軟硬體基礎建設；(3) 促進各種城市創意循環機制的運行；(4) 催化內部組織的創意文化；(5) 重視新世代的政府人才培育。

2.3 邁向創意官僚

　　事實上大家已普遍接受「創新」是這個時代傳統機構不被淘汰或邊緣化的不二法門。問題是如何在政府的官僚體系中激發改變、滾動創新的齒輪？

　　蘭德利認為先決條件是「在基因碼中深植創意」。(蘭德利，2008: 179) 蘭德利提議建立學習型組織，他認為任何創意組織都需要終身學習，將學習融入日常經驗中，可以促進人員的成長與潛能的開發。而且此類學習經常透過實驗與行動方案，甚至將失敗視為學習的手段。這與大衛與湯姆 凱利 (2014) 所提的「創意自信」不謀而合。從組織的領導者到內部成員都能體會創意的流程，每個人都能持續學習開發內在創意，建立創意自信，是創意官僚前進的目標。

3. 設計思考作為一種心智的習慣與共創的工具

　　促成創意官僚需要方法與工具，其中的關鍵在於官僚系統中個人心智習慣以及集體合作環境的改變。過去 10 多年來「設計思考」已被普遍運用於大學教育與企業組織，作為創新發想與實踐的方法。在理念傳播與發展上最具影響力的是史丹福大學的 d.school。

3.1 史丹佛大學 d.school 的理念與基本模型

　　d.school 由大衛‧凱利跟幾位有志一同的老師創辦於 2004 年。如圖 3. 所示，d.school 的目標是在史丹福大學內建立一個跨領域的共創平台，使校園裡 7 個學院的師生可以在此進進出出，透過團隊合作的方式，學習創新的思維與方法來解決真實世界的問題。

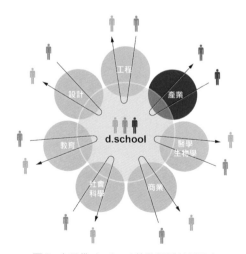

圖 3. 史丹佛 d.school 的跨領域共創平台
(本圖改繪自史丹佛大學 d.school 網站資料)

在 d.school 的網站上開宗明義就提到「d.school 幫助人們發展自己的創造能力，這是一個場所、一個社區、也是一種心智狀態。」「我們相信每個人都有能力去創造。」（註 4）因此史丹佛大學 d.school 的目標是培育「設計思考者」(Design Thinkers) 而非生產「設計產品」(Design Products)，或者說重點是在「革新者」(Innovators) 的養成而非「革新的事物」(Innovations) 本身。

這個理念打破了傳統設計學院「訓練專業設計師」的框架，使其他院系的師生可以學習「像設計師一樣的思考」，加上來自業界的參與者，共同合作以跨領域的方式執行真實的專案計畫。這些專案則主要來自非營利組織、政府部門、以及企業夥伴。IDEO 執行長提姆布朗強調，設計思考是把設計師發展出來的工具交給那些不以設計師自居的人們手上，讓這些工具可以應用到更廣泛的問題領域、發揮更大的影響力。（註 5）

設計思考可以應用於各行各業解決各種不同的問題。實際上問題不論大小、複雜或簡單，在進行設計思考時大致都不脫離三項基本準則的考量：其一是「可行性」(Feasibility)，指的是功能在應用上的合理可行，通常與科技有關；其二是「存續性」(Viability)，指的是企業經營的永續發展，通常與商業有關；其三是「需求性」(Desirability)，指的是使用者的想望與消費心理，通常與人的價值有關。（註 6）

而這三項基本準則重疊之處，如圖 4. 所示，就是設計創新的根源；任何設計解答的產出，都可視為這三項準則的各種折衝、協調、最後達到某種平衡和諧的結果。

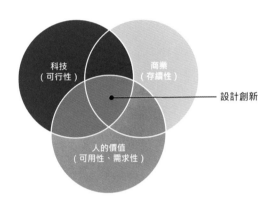

圖 4. 設計思考的三項基本準則與設計創新的關係
（本圖改繪自史丹佛大學 d.school 網站資料）

3.2 設計思考的操作模式

總體而言，設計思考的操作可分為五個步驟：(1) 同理心、(2) 問題定義、(3) 創意發想、(4) 原型製作、(5) 測試。

如圖 5. 所示，「同理心」是操作的開端，需要深入了解使用者或設計對象的需求與想望；「定義問題」是清楚地表達想要解決的問題；「創意發想」是腦力激盪提出具潛力的構想；「原型製作」是快速製造實質的模型作為討論及測試之用；「測試」是進行一系列短週期的創新探討，不斷改良設計。在實際運作的層面，這五個步驟是環環相扣，彼此之間形成迴圈，持續來回反饋的關係。

設計思考的兩項最根本的操作是「創造選擇」與「做出選擇」。一般在創意發想的階段需要大膽開放，不怕失敗與不計代價才能創造各式各樣充滿創意與多元的選擇，此階段採用的是「發散性」的思考。相反地，在設計成型的階段則需要分析各類資料數據，謹慎評估相關限制條件，以做出最佳的選擇，此階段採用的是「收斂性」的思考。設計思考的心智狀態就是在發散性的思考與收斂性的思考之間來回移動，只是發散與收斂兩者之間形成的口袋空間越變越小，幾輪的發展之後就像是一只橫放的葫蘆，如圖 6. 所示。

提姆·布朗提到，設計思考的運用首先需要「將問題轉換成專案」，使參與者在某種限制條件 (如業主、預算、時程) 以及共同的目標下一起完成。其次是「從外界獲取新的見解」，而不是從設計師自身或工作室內部，只有走到外面參與互動與觀察才有機會獲得新的

發現。第三是「讓想法成形」，在短時間之內製作原型使想法具體成形，然後在真實的世界中測試。第四是「培養說故事的能力」，讓想法透過動人的故事詮釋發揮影響力。

實際上，對既有組織而言，導入設計思考是一種組織文化在心智與工作習慣上的改變，通常需要透過少部分核心種子的訓練及帶動，並且有耐心地接受相對冗長的文化改變的過程。(註 7)

3.3 跨領域與跨界合作之必要

愈是複雜、困難的問題愈需要跨領域與跨界的合作來共同解決，而透過跨域、跨界的工作方式也比較能破除傳統階層與部門之間的藩籬。然而，在心態上與方法上我們常因不習慣加上一些錯誤的認知，阻礙了跨領域與跨界合作的可能。

圖 5. 設計思考的五大步驟 (本圖改繪自史丹佛大學 d.school 網站資料)

　　首先，在心態上要能接受衝突的意見，領域之間的差距愈大，觀念與想法愈是不相同衝突愈大，但是合作的目的就是為超越個人能力之侷限，參與者的背景差異愈大愈能形成較大的「創意張力」，激盪出更精彩的火花。（大衛與湯姆・凱利，2014: 235）其次，在方法上要能讓所有參與者都能大膽表達意見，彼此激發、挑戰、辯論，習慣集體的創作是眾人層層疊加、不斷來回塗抹的總成，不是某一個人的想法，而是大家共同的貢獻所得。

　　所以大衛與湯姆・凱利 (2014: 239) 特別提醒跨領域與跨界合作並不容易，「然而如果你正視並妥善處理各種衝突的意見與想法，新創意就會隨之出現。」

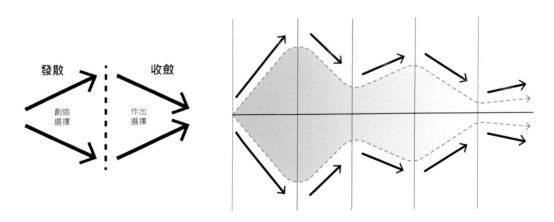

圖 6. 發散性與收斂性思考以及設計思考的心智移動狀態（本圖改繪自史丹佛大學 d.school 網站資料）

參、從設計思考到創意官僚的 5 個關鍵提問

創業家將變化視為常態。通常他們不會自己製造變化，而是尋找變化，回應變化，並且把變化視為可資利用的機會；這種態度正是創業家和創業精神的特質所在。……你也得仔細思考，這些變化、轉變究竟是機會、還是威脅？如果你一開始就把這些變化視為威脅，那就永遠沒有機會創新。不要光是因為新事物出乎你的規劃，就予以排斥；意外的事物往往是創新最好的泉源。

– 彼得・杜拉克

　　「從設計思考到創意官僚」實際上是一段試探、檢驗、修改、反思的歷程。自 2013 年至 2016 年，為因應 4 個不同專案的特性與需求進行了各種實驗，也得到了許多發現。

　　概要來說，這些實驗包括以文化資產為思考主軸的城市再發展，臺灣區域性傳統產業轉型為創意產業的探討，以國際城市為標竿的城市願景之建構，以及東亞城市治理與決策人才的培育。近 4 年來，幾乎每次工作坊的籌劃與檢討都要不斷提問與回答，這個過程促使我們不斷澄清設計思考與創意官僚之間的關係，加深我們對於理論與實踐之間的理解。

　　從這些無數的問答中，我們試著選取 5 項關鍵提問整理如後，一樣是以提問與回答的方式，表達我們對這些開放性問題的觀察與認識：1、如何從歐美理論轉進到亞洲真實？2、如何改變傳統規劃與設計專案的模式？3、如何開啟一系列的設計工作坊？4、如何建立有效的設計思考工具與操作方式？5、如何突破官僚體系？

1. 如何從歐美理論轉進到亞洲真實？

過去 10 餘年來歐美相關創意城市的理論持續擴散影響到亞洲城市，隨著亞洲國家的經濟成長以及中產階級的興起，對於創新創意的需求大幅增加，城市競爭不再以傳統產業為主軸，取而代之的是強調高新科技、設計加值與講求品牌形象的創意產業。

其中最具戲劇性轉變的是中國的深圳。深圳原本是香港北邊的小漁村，1980 年人口僅有 3 萬人，到 2016 年常住人口已接近 1200 萬人，而且 2016 年深圳的生產總值已超過廣州躍居為中國經濟總量的第三大城市。在短短 30 餘年間，深圳從傳統的農漁業聚落轉型為世界級的「代工重鎮」，近年來更積極推動高新科技的創新發展，吸引大量年輕人才與民營企業進入而成為「創業之都」，城市的創新動能有超越北京、上海的態勢，被譽為「亞洲矽谷」。

臺北則是繼韓國首爾之後第二個獲選為世界設計之都的城市，評審團認定的標準是，入選的城市能夠積極打造適合設計產業發展的環境條件，而且懂得運用創新創意的方法，去追求城市發展的願景。

此外，臺北的中心區有華山與松山兩個文創園區，成為年輕創作者交流演出的場所，市政府還透過國際競圖邀請明星建築師 Rem Koolhaas 設計臺北藝術中心，意圖為城市建立標誌性建築。

然而，亞洲城市的文化與生活型態與歐美城市有重大差異。例如歐美城市的土地使用分區管制嚴格，不像臺灣住商混合情況普遍，在住宅區內常混雜工作、生活、遊樂的景象，在田間也到處可見以鐵皮搭建的小型加工廠。亞洲家庭住商合一的習慣也反映在街道連棟式店屋的類型上，而且因高溫、多雨、日曬的氣候因素還發展出騎樓作為公共通道，城市的活力也多展現在街道與巷弄空間，而非廣場。

印尼政府及大學部門幾次組團來 C-Hub 成大創意基地參訪，企盼與臺灣交流合作、相互學習，印尼科研暨高等教育部首席部長顧問 Hari Purwanto 在離去時對亞洲生活型態特別有感而發，說道「我們都是一樣吃米的民族！」

在「臺南文創大道行動論壇」專案中，我們試圖提出 3 個問題做為策略規劃之引導方向，分別指涉城市定位、創意聚落、人才移居等 3 個層面：

1.1 如何為臺南市在東亞區域城市競爭中定位？

要回答這個問題，最好能從臺南作為臺灣文化古都，所處的海洋文化的原點與東亞區域連結之論述做起。

臺南市有臺灣最古老的歷史文化資產，清代於 1723 年建立府城，安平舊名為熱蘭遮城則是荷蘭人在 1624 年所建，也是連結 400 年前大航海時期國際

貿易的見證。臺南市存有無數的有形及無形文化遺產，如閩南生活文化、媽祖信仰、臺灣海峽海盜等等，無一不可串起與東亞相關城市之關聯議題。

此類探索有助於跳脫 6 都內向性的島內思維，並以國際化華人創意城市為建構之目標。

1.2 如何整合既有的創意簇群？

臺南市在過去 10 餘年來因年輕創意人才的移入，已逐漸在老城中心區的街廓巷弄形成簇群。究其原因，首先是臺南老屋的數量龐大，根據 2004 年古都基金會中西區老屋的統計資料顯示有 3656 戶，其中有 138 處名人故居，730 處 50 年以上屋齡的公有老屋。其次是臺南的平均房價是 6 個直轄市中最低者，約為臺北市平均房價的 1/5 至 1/6 之間。第三是近年民間組織活躍，如古都基金會推動的老屋新力運動，帶動一波老屋改造與再利用的風潮。

問題是如何在現有的基礎上發揮產業群聚的效應？如何澄清各街區群聚結構與產業之特色，以提供支援連結深化發展避免重複？如何與社區老化與二度就業人口的問題一起思考探討？

1.3 如何吸引年輕的創意人才移居臺南？

城市的多元化、高科技、酷魅力、中價房位、文化設施、氣候等都是吸引年輕有活力的人才移居的重要因素。

臺南市在城市的科技與文化方面未來可預期會有更多重大的進展，例如台積電在南科投資臺幣 5000 億元設立 5 奈米廠，預計 2019 年裝機、2020 年初量產，將創造 4000 個就業機會；由日本知名建築師坂茂設計的臺南市立美術館，以及由荷蘭建築師事務所 Mecanoo 設計的臺南市立圖書館，皆預訂於 2018 年底前完工開館。

加上臺南的氣候好、房價低，市政府相關部門如何在此基本條件下建立配套措施？例如老房子釋出、租稅減免、創業貸款、創意銀行協力等方面給予年輕創業人口移居臺南更高的誘因？

2. 如何改變傳統規劃與設計專案的模式？

市政府與大學有關規劃與設計之合作一般透過專案，有一定的範圍、目的、期程、與經費。此類專案以各種調查分析、理論研究、以及專家學者的意見為主，並且透過期初、期中、期末審查，不斷修正改進後完成報告書。這種模式容易產生幾種問題：

（1）整體的規劃與設計之進行偏向線性過程，較難反映動態與專案執行期間的變化狀態。
（2）專案之構思與發展以規劃與設計單位為主體，較難與其他單位有多元的互動以及共創的機會。
（3）城市發展中跨局處的意見交流與整合較難達成。
（4）最後所得成果常與真實世界產生落差，較難付諸實踐。

如何改變這個模式？在觀念上與方法上有沒有新的做法？實際上，市政府受限於公家單位嚴格的會計與考核規定，專案執行的開放性與彈性不高，如何在既有的限制條件下尋求突破？

2013 年 3 月，在「臺南文創大道行動論壇」專案的籌劃之初，臺南市政府、白鷺鷥文教基金會、與成大規劃設計學院達成共識，嘗試以「行動規劃」的方式來進行此次專案，預計以原臺南市中心區作為探討的範圍，大致從成功大學「窮理致知」大門，沿大學路穿越臺南火車站進入中山路，經過民生綠園轉入過去稱為末廣町的中正路街區到運河底，再沿運河進入安平區到海岸邊。

建築史學家傅朝卿教授指出這條路徑串起臺南市過去豐富的古蹟與歷史記憶，是最具潛力的文化軸線，若能善加規劃、結合當代生活，將可成為臺南市的文化創意大道。(註 8) 日治時期為「始政四十周年」拍攝的紀錄片中，有關臺南市的城市建設也大體以此路徑為主。

「行動規劃」的目的是為能回應規劃過程中的動態變化，同時與市政府跨局處部門有較多的交流與互動，它需要一種新的方法，除具備一般執行層面需要的框架外，也要有足夠的開放性與彈性。我們試圖在「行動規劃」之前先擬出「規劃策略」作為引導方向，內容包含之前提及的 3 項提問：(1) 如何為臺南市在東亞區域城市競爭中定位？(2) 如何整合既有的創意簇群？(3) 如何吸引年輕的創意人才移居臺南？接著，在「行動規劃」中建立 2 項操作原則：(1) 重新檢視並重新編寫既有的狀態，(2) 透過組織創造未來。

在實際的運作上，則以小型工作會議、設計思考工作坊、主題論壇幾種不同的方式進行，經由各類層次與不同大小規模的腦力激盪與參與式規劃，獲取各種創意想法與可能方案。整體專案的關鍵在於每次工作坊及論壇舉辦「之前的準備」與「之後的調整」。「之前的準備」必須為參與者及議題作適當的推想與安排，「之後的調整」則要針對舉辦前後的落差進行檢討與調整。這兩者可以視為「行動規劃」的一種機動性與微型的調節機制。

「行動規劃」的基本架構為「2+1」，即 2 場工作坊搭配 1 場論壇，

在「臺南文創大道行動論壇」專案中此架構共計運作 3 次。之後的「臺南市產業創意行動論壇與規劃設計工作坊」則在此基礎上進一步改良，除了連續執行 3 次的「2+1」架構外，為了聚焦、落實之前工作坊與論壇所的成果，特別籌辦 1 次為期 2 天的「旗艦計畫」工作坊。

2015 年初，在市長支持與局長們的選定下，從原有累積的 10 個計畫 44 項行動方案中，篩選 4 個計畫 22 項行動方案作為核心，帶進各局處部門的真實計畫與經費預算，再加上地方意見領袖及產業代表的參與，最後共同完成 3 個大型的跨局合作計畫。

3. 如何開啟一系列的設計工作坊？

設計工作坊改變了過往專案中主辦單位與執行單位的關係，一場成功的工作坊必須讓參與者都有機會貢獻所長，產出大家意想不到的合作成果。由於設計工作坊的運作對多數參與者而言是陌生的，需要執行單位仔細策劃，透過一系列的引導練習，才有辦法漸入佳境。從「臺南文創大道行動論壇」專案的推展過程中，我們大致體認到幾項開啟設計工作坊的要素：

3.1 邀請城市治理的決策者參與

市政府的政策擬定與執行的主體是「局」，說明專案的價值主張取得局長們的認同是首要之務。「臺南文創大道行動論壇」專案的開啟是透過文化局長邀請都發局、觀光局、經發局等 3 位局長共同會商的早餐會議。4 位局長之間原本就有信任基礎，主要藉由此會議建立合作共識，了解專案的目的與執行方式，同時在文化局內設置跨局對話的窗口。值得注意的是每位局內主管都有長年在地方奔走累積的專業經驗與深入觀察，是執行單位該費心採擷的資訊來源。例如「臺南市產業創意行動論壇與規劃設計工作坊」，研究範圍涵蓋大臺南地區農業、工業、及漁業生態 3 大主題，在龐雜的產業生態與地方事務的梳理過程中，各局長、副局長之訪談提供許多重要關係人、事、物的線索。

3.2 促使參與者把想法說出來

設計工作坊的任務之一是讓參與者把想法說出來。無法把想法說出來大致

有以下幾項原因：個性內向不習慣在公開場合表達意見；長官在旁不便發表個人意見；對問題了解不深害怕想法不夠成熟。因此，面對工作坊裡各類不同的個體與狀態，要促使參與者把想法說出來在實務操作上需要好的出題與適當的引導。

在本書列舉的專案中，有幾次我們試圖透過畫圖而非文字的方式讓參與者表現想法：「先畫出來再說」，這有效地解除了部分參與者的心理障礙；幾乎每次我們都將各局代表拆開、重新編組，讓各組參與者不必面對自己直屬的長官，且在不同局的專業立場上可以大膽發表個人意見；過程中引導師也會不斷帶領參與者從較熟悉的議題下手，漸漸融入集體的討論中。

「把想法說出來」其實也是參與者建立歸屬感、共創感、以及信心的重要過程。

3.3 動機與代表性

工作坊的整體氛圍與產出成果，跟參與者的動機與代表性有直接關係。在「提高東協區域競爭力：城市創新領導人才培育」中，參與者皆來自印尼，跟之前在臺南市舉辦的狀況相比，在語言與文化方面的差異極大。（註 9）為此差異必須在相關後勤支援（如翻譯、飲食、朝拜）做些調整，探討的議題與考察的地點也需呼應印尼城市發展的需求與想望。然而，在此諸多限制條件下，此次設計工作坊的整體氛圍卻出乎意料之外的熱絡，印尼代表們全程充滿好奇心、勇於發問、表達意見，不只在組內

發揮高度的團隊合作精神，與引導師、業師、助理群也交流無阻，打成一片。最後的報告產出則精彩豐盛，遠遠超乎大家事先的預期。

事後檢討，設計工作坊的成敗相當程度取決於參與者的動機與代表性，當參與者具有強烈的學習動機、就可以化被動為主動，提高團隊的互動性與熱情的感染力；同時，當參與者具有一定的決策代表性，例如此次以市長、副市長、局處長為代表，就可提出敢大膽想像並搭配實務策略的方案。

3.4 新奇、創意與具體性

設計工作坊在本質上是一個朝向未知探索的歷程，一旦開啟後要能持續往前推進，就必須不斷推陳出新，讓所有身處其中的人員都有新奇、充滿創意的體驗。這份看似充滿挑戰的任務，其實一開始最重要的是對參與者的整體狀態的理解，包含他們的動機、需求、與心智狀態。

工作坊的策劃目標簡而言之，就是「如何讓大家都參與進來」。只要過程有趣、引人入勝，所有人都有參與感且互為主體，接下來的工作就會充滿動能與想像力。最後的要件是具體性。在熱情激發過後，從眾多的想法組織落實的成果需要有一定程度的具體性，才會讓參與者從漂浮的空中感受到落地的真實重量，同時儲備下一次參與工作坊的動能。

4. 如何建立有效的設計思考工具與操作方式？

在史丹佛大學 d.school 建築大廳挑空處懸掛了一張大型海報，上面寫著：「沒有什麼是錯誤的。沒有勝利，沒有失敗。做就對了。」（註 10）設計思考的訓練沒有捷徑也無他法，就是「做」！動手實作是學習設計思考必須養成的習慣。思考與實作之間存在一種極微妙的關係，過去哲學家與教育家們都一再強調「由做中學」、「嘗試錯誤」、及「反思實踐」的重要性。（註 11）

4.1 畫圖與圖像思考

動手的方式很多，其中最被廣泛運用的是「畫圖」。畫圖是利用圖像來跟自己內在對話的好方法，因為圖像思考使用的是右腦，與使用左腦的文字思考交互應用，可以使設計思考工作坊的參與者突破過去慣常使用的語言限制，拓展一些新的想像、取得一些新的發現。畫圖也是一種集體創作的工具，團隊可以透過拼貼的方式，將每成員的想法不斷在圖面上疊加、塗抹、修改，而且每次圖面的改變都會給參與者新的視覺刺激，帶動下一步的探索。

「臺南文創大道行動論壇」專案一開始就將文化、都發、觀光、與經發 4 個局即將推動的 21 項計畫彙整，在地圖上標示其位置，再加上臺南市原有的文化資產、商業、創意產業、與公共綠地，套繪成一張整合性的地圖，這張地圖就作為之後一系列工作坊的「底圖」。（註 12）藉由這張底圖，各局的參與者不只能夠清楚了解彼此的建設計畫，還可以交換自己的想法以及對於未來的想像，更重要的是，大家可以一起動手調整與改變這張地圖的內容。

4.2 原型製作

動手的另外一個方式是「原型製作」。設計思考是一種解決問題的過程，在「問題定義」之後、經過「創意發想」、接著就是「原型製作」。

原型指的是想法的具體化，可以是有形、具備材質的產品，也可以是無形、非實質的政策。然而不論是有形或無形，原型製作強調的仍然是「動手做」，而且要快速成型，方便提供集體的討論與測試。因此，原型不是作為定案的模型用來大量複製生產，而是作為問題解決的過程中，反覆提出用以檢討「問題定義」與「創意發想」的草案模型。

原型有時像是一面鏡子，反映前面步驟的缺失與疏漏以便及時改進；有時更像是創新的驅動器，帶動團隊不斷往前探索各種創新的可能性。由於原型製作要快要多，因此企業的創新部門常見在辦公室之外另建「自造者工坊」(maker space)，提供各類工具及材料方便團隊進駐製作原型。Google Glass 的原型就是研發團隊 Google X 在其公司內部的「自造者工坊」中打造出來的。

4.3 操作設計

設計思考的動手實作，不論是畫圖或原型製作，都不是漫無標的、隨意即興的創作。相反的，動手實作需要有系統性的操作架構，才能加深對問題的

理解，並且提出有創意的解答。史丹佛大學 d.school 的經典案例「交出你的錢包」，一開始就說明設計思考是一種方法論與心態，強調架構與過程的重要性，同時還提供一份操作必備的清單，內容包含 6 大類：

(1) 1 位真實存在的設計對象；
(2) 68 分鐘，不被干擾中斷的時間；
(3) 紙張、膠帶、剪刀、筆、迴紋針等文具；
(4) 1 個鬧鐘或其他計時器；
(5) 1 個舒適自在的工作空間；
(6) 最後再加上一些好聽的音樂。

　　設計思考的操作關鍵之一是時間的控制，這也是清單中列有鬧鐘或計時器的原因。「交出你的錢包」所需的 68 分鐘，實際上是被細膩地切分為 10 個步驟的操作時間之總和，例如用在「同理心」的訪談為 6 分鐘、「問題定義」為 3 分鐘、「創意發想」為 5 分鐘、「原型製作」為 6 分鐘等等。為達到最大效果，參與者必須嚴格遵守時間的限制。（註 13）

4.4 練習精進

　　設計思考需要動手實作、也需要持續不斷的練習。除了熟悉剛入門的教戰手冊之外，若能多經歷模擬演練，甚至參與真實世界的專案操作，會很快可以累積經驗、精進操作的技術。好的設計思考工作坊提供各個不同層面的學習機會，涵蓋助理、業師、顧問、引導師，規劃者等不同的角色扮演及工作內容，初學者可以藉由工作坊的磨練，逐步從協助者進階成長為專業的引導師。

　　最近大家也開始注意到「教練的培訓」（註 14）之重要性，由於愈來愈多不同種類的問題浮現，例如環保空污、能源短缺、貧富差距、高齡社會，再加上社會與產業對於創新品質的要求提升，這些因素一方面促進設計思考的教練人才之需求擴大，另一方面也促使教練必須持續成長、與時俱進。許多大學與訓練機構紛紛提供專業教練的培訓課程，如 IXSD Academy 的「設計思考：培訓教練」工作坊即是為進階主管教練而規劃。（註 15）

　　總而言之，設計思考是一種心態，也是一種方法的訓練，唯有親身歷練、經常參與，最終才能養成一種心智習慣，成為生活的一部份。

5. 如何突破官僚體系？

官僚體系非一日形成，要從傳統官僚轉變為創意官僚也絕非短時間內可以做到。然而，要如何鬆動僵硬的官僚體系？如何踏出第一步、找出突破點？有沒有什麼可以採用的原則與辦法？為突破官僚體系，這些都是該提出來思考與探討的課題。

從設計思考的角度出發，可以大致分為 3 個部分討論：(1) 機構組織的改變、(2) 創意個體與團隊組成、(3) 由小組織做起的內部創新。

5.1 機構組織的改變

機構的「垂直階層」阻絕了低層員工表達想法、參與決策的機會，「水平邊界」阻礙了部門之間溝通了解、相互合作的可能。惟有破除「垂直階層」以及「水平邊界」才能從根本上改變機構的體質，提高創新的能力。在多次與臺南市政府合作的設計思考工作坊中，我們清楚地觀察到打破各局的界限重新編組，並且容許不同職級的代表自在發言，常會有出人意料之外的團隊創意表現。

此類設計思考的操作模式可以先應用於機構內非常規性、或者特別需要跨部門的創新專案，鼓勵實驗性與嘗試錯誤的思維，再將此經驗擴散至相關部門。當然，官僚組織裡難免有一些「唱衰者」，任何的創新提案與作為常要面對這些唱衰者的反對意見：「這在我們組織內絕對行不通的」、「過去曾有類似的構想但結果都是以失敗收場」、

「太天馬行空不切實際註定做不成」等等。湯姆・凱利稱這些人為「魔鬼的代言人」，他特別整理 IDEO 多年的經驗，提出「決定未來的 10 種人」作為擊退「魔鬼的代言人」的策略。

這 10 種人大致代表了 3 種角色，第一種是「學習的角色」如人類學家與實驗者，第二種是「組織的角色」如導演與跨欄運動員，第三種是「建構的角色」如體驗建築師與舞台設計師。（註16）他們若能被充分授權發揮各自的角色，就有機會在機構組織內驅動創造力。

5.2 創意個體與團隊組成

要突破官僚體系，創意個體絕非僅限於自我的創造，必須與夥伴們共同合作，組成具戰鬥力的團隊。機構的領導人則有責任將幾種不同角色的創意個體集結在一起，使他們產生化學效應，發揮多重領域共同創作的綜合效益。創意個體透過團隊組織，帶動集體的創造力與熱情，可以為機構注入新的創意氛圍。

根據大衛與湯姆・凱利的觀察，在傳統組織內創意團隊的行動是有感染力的，他們在工作流程中不斷滲透影響其他部門，會形塑一種新的文化。大衛與湯姆・凱利相信，「假使你希望團隊能夠持續不斷地創新，你必須培養出創意文化。」而且，「要打造創意組織，必須事先讓主事者們一個一個建立起他們的創意自信。」（註 17）

在「臺南市產業創意行動論壇與規

劃設計工作坊」結束後，我們曾經訪問一位參與次數較多的科長，試圖了解他的感受與收穫。他眼睛發亮的回應，「幾次工作坊下來，我已能掌握設計思考的概念與作法，回到科內會帶著同仁一起操作。」（註 18）類似這位科長，所有親身體驗過設計思考的參與者，都有可能成為未來在組織內帶動創新改變的種子。

5.3 從小組織做起的內部創新

　　小組織是突破官僚體系的先鋒。改變不會自動產生，多數人在既有體系中已習慣日積月累的運作方式，既得利益者更不願意改變，必須透過一小群有新思維敢冒險的人來帶頭發起。

　　PayPal 的創辦人與矽谷最具影響力的創投者彼得‧提爾認為：「新事物難以在大型組織中發生，但是要靠一人一己之力更難。」而新創事業正好相反，它的「運作原則就是必須和其他人合作完成工作，而且組織要小到能讓所有事情順利運作。」（註 19）如果官僚體系能夠認清時代的變化、鼓勵小組織以創業精神來進行內部創新，將有機會為機構注入創意文化的活水。

　　內部創新要能成功必須具備幾項條件，首先是領導者理解創新的重要性，願意營造新的組織文化。大衛與湯姆‧凱利指出，「領導者沒辦法指定文化的樣貌，但他們可以培養文化。」（註 20）好的組織文化尊重內部創新的想法，支持各個階層的人才大膽發揮創意，供給資源並且容許失敗。其次是改善既有的作業流程，提高效率與透明

度，讓內部人員清楚施行的進度與裁決，以便即時進行工作上的調整。（註 21）最後要注意的是，從小組織做起的內部創新是一種有機的、而非計畫性的成長。這種成長會因內部人才創意的開發，由小組織的激發逐漸往外蔓延產生影響，在與原有體系不斷互動後而造成改變。時間將是機構的革新意志與最終成效的見證。

註釋

註 1. 關於 Cedric Price 的城市空間演化概念圖與討論，參考網站：http://bigthink.com/strange-maps/534-the-eggs-of-price-an-ovo-urban-analogy

註 2. 參考雅各布斯 (2006)，紐約時報則稱該書「也許是城鎮規劃史上唯一最有影響的著作」。

註 3. 珍・雅各布斯 (2006: 130) 認為城市規劃第一個、也是最重要的問題是「城市如何能夠綜合不同的用途……生發足夠的多樣性，以支撐城市的文明？」參考雅各布斯 (2006)，頁 127 至頁 216。

註 4. 參考史丹佛 d.school 網站首頁：https://dschool.stanford.edu/about/

註 5. 參考提姆・布朗 (2013)，頁 34。

註 6. 參考提姆・布朗 (2013)，頁 51。

註 7. 參考提姆・布朗在商業週刊上的專訪，網站：https://www.youtube.com/watch?v=Lwm6mULNc0I

註 8. 參考傅朝卿，(2013.12)，〈從大正町到末廣町－從摩登老街到文化創意大道〉，《新世紀臺南文創大道行動論壇》，臺南：臺南市政府、白鷺鷥文教基金會，頁 42 至頁 51。

註 9. 參與人員包含帕朗卡拉亞 (Palangkaraya) 市政府代表 10 人，山口洋 (Singkawang) 市政府代表 2 人，日惹 (Yogyakarta) 加達馬達大學代表 4 人。工作坊的探討目標為帕朗卡拉亞市及山口洋市的城市發展。

註 10. 參考原文：Nothing is a mistake. There's no win and no fail. There's only make.

註 11. 參考 John Dewey: Learning by Doing、Reflective Thinking 以及 Donald Schon: Reflective Practice。

註 12. 參考劉舜仁，(2013.12)，〈臺南 2024：文化與創意大到的構思與策劃〉，《新世紀臺南文創大道行動論壇》，臺南：臺南市政府、白鷺鷥文教基金會，頁 5 至頁 15。

註 13. 「交出你的錢包」原文為：Hand over your wallet，由 Alex Kazaks 與 George Kembel 在 2006 年為 d.school 的課程所設計，經過多年測試、使用、修改已成典範，本文參考的是 2010 年的版本。

註 14. 「教練的培訓」，Training for trainer。

註 15. 參考 https://ixsd.academy/

註 16. 參考 Kelly & Littman (2006)。「魔鬼的代言人」原文為：devil's advocate。「學習的角色」原文為：the learning personas，「組織的角色」原文為：the organizing personas，「建構的角色」原文為：the building personas。

註 17. 參考大衛・凱利與湯姆・凱利 (2014)，關於加州 Intuit 公司以及寶僑家品公司創新變革的討論，頁 223 至頁 230。

註 18. 這項專案市政府的總參加人數為 80 人，總參加人次為 203 人，平均 1 位參加過 2.5 次，參考劉舜仁 (2015a)，頁 11。

註 19. 參考 Thiel (2014: 20)。

註 20. 參考大衛・凱利與湯姆・凱利 (2014)，關於創新領導力的討論，頁 250。

註 21. 參考 Buekens (2014)，關於開創內部創業文化的討論，頁 585。

參考文獻

- 英文

AECOM, (2014) *TAINAN VISION PLAN*. Workshop Report.

Anderson, C. (2012) *Makers: The New Industrial Revolution*. New York: Random House.

Banfield, R., Lombardo, C., & Wax, T. (2016) *Design Sprint: A Practical Guidebook for Building Great Digital Products*. Sebastopol: O'Reilly Media.

Buekens, W. (2014) Fostering Intrapreneurship: The Challenge for a New Game Leadership. *Procedia Economics and Finance 16*. pp.580-586.

Cannon Design, VS Furniture, & Bruce Mau Design. (2010) *The Third Teacher: 79 Ways You can Use Design to Transform Teaching & Learning*. New York: Abrams.

Delors, J. et al. (1996) *Learning: The Treasure Within: Report to UNESCO of the International Commission on Education for the Twenty-first Century*. Paris: UNESCO. p.37

Doorley, S & Witthoft, S. et al. (2012) *Make Space: How to Set the Stage for Creative Collaboration*. Hoboken, New Jersey: John Wiley & Sons.

d.school, (2010) *Hand over Your Wallet*. Hasso Plattner Institute of Design, Stanford: Stanford University.

Florida, R. (2002) Bohemia and Economic Geography. *Journal of Economic Geography 2*, pp. 55-71.

Hatch, M. (2014) *The Maker Movement Manifesto: Rules for Innovation in the New World of Crafters, Hackers, and Tinkerers*. New York: McGraw-Hill.

Hirst, G., van Knippenberg, D., Chen, C., & Sacramento, C. (2011) How does Bureaucracy Impact Individual Creativity? A Cross-Level Investigation of Team Contextual Influences on Goal Orientation-Creativity Relationships, *Academy of Management Journal Vol. 54, No. 3*. pp. 624-641.

Jacobs, J. (1961) *The Death and Life of Great American Cities*. New York: Random House.

Jarvis, P., Holford, J., & Griffin, C. (1998) *The theory and practice of learning*. London: Kogan Page.

Kageyama, P. (2011) *For the Love of Cities*. St. Petersburg: Creative Cities Productions.

Kelley, T., & Littman, J. (2006) *The ten faces of innovation: IDEO's strategies for defeating the devil's advocate and driving creativity throughout your organization*. Random House Digital, Inc.

Mommaas, H. (2009) Spaces of Culture and Economy: Mapping the Cultural-Creative Cluster Landscape. Creative Economies, *Creative Cities: Asian-European Perspectives*. pp.45-59.

Landry, C. (2008) *The Creative City: A Toolkit for Urban Innovators*. London: Earthscan.

O'Donnell Wicklund Pigozzi & Peterson, et al. (2010) *The Third Teacher: 79 Ways You Can Use Design to Transform Teaching & Learning*. New York: Abrams.

Olsen, J. (2005) *Maybe it is Time to Rediscover Bureaucracy?* Working Paper. Oslo: Center for European Studies, University of Oslo.

Prahalad, C. K., & Ramaswamy, V. (2004) Co-creation experiences: The next practice in value creation. *Journal of Interactive Marketing 18 (4)*, pp.5-14.

Ramírez, R. (1999) Value co-production: Intellectual origins and implications for practice and research. *Strategic Management Journal 20*, pp.49-65.

Styhre, A. (2007) *The Innovative Bureaucracy: Bureaucracy in the Age of Fluidity*. Abingdon: Routledge.

Thiel, P. & Masters, B. (2014) *Zero to One: Notes on Startups, or How to Build the Future*. New York: Crown Business.

- 譯作

大衛・凱利與湯姆・凱利，林育如（譯），(2014)，《創意自信帶來力量》，臺北：聯經出版。

彼得・杜拉克（著），馬齊里洛（編），胡瑋珊、張元薰（譯），(2017.02)，《每日遇見杜拉克：世紀管理大師 366 篇智慧精選》，臺北：遠見天下文化出版。

查爾斯・蘭德利，楊幼蘭（譯），(2008)，《創意城市：打造城市創意生活圈的思考技術》，臺北：馬可孛羅。

理查・佛羅里達，鄒應媛（譯），(2003)，《創意新貴：啟動新經濟的菁英勢力》，臺北：寶鼎。

理查・佛羅里達，傅振焜（譯），(2006)，《創意新貴 II：城市與創意階級》，臺北：日月文化

提姆・布朗，吳莉君（譯），(2013)，《設計思考改造世界》，臺北：聯經。

珍・雅各布斯，金衡山（譯），(2006)，《美國大城市的死與生》，南京：譯林。

- 中文

設計發浪，(2018.01.20)，〈做設計：細數臺日設計 50 年〉，《The Affairs 週刊編輯》，Vol. 008，p.21。

劉舜仁，(2007.06)，〈創意城市－臺中作為方法〉，《中華民國建築師雜誌》六月號，第 390 期，pp.86-91。（受邀刊載於《城市空間設計》No. 1，2008.05，pp.93-95）

劉舜仁，(2008.06)，《亞洲真實 2008 －創意設計的革新態勢與合作網結國際研討會》，臺北：文建會。

劉舜仁（主編），(2013.12)，《新世紀臺南文創大道行動論壇》，臺南：臺南市政府、白鷺鷥文教基金會，共 96 頁。ISBN 978-986-03-9951-6

劉舜仁（主編），(2015a.09)，《臺南市產業創意行動論壇》，臺南：臺南市政府、白鷺鷥文教基金會，共 133 頁。ISBN 978-986-04-4865-8

劉舜仁（主編），(2015b.09)，《臺南市產業創意規劃設計工作坊》，臺南：臺南市政府、白鷺鷥文教基金會，共 67 頁。ISBN 978-986-04-4865-8

劉舜仁（主持），黃偉茹（協同主持人），(2016.05.01-2016.12.31)，《「黑琶牌」友善養殖理念推廣暨社會企業形塑計畫》，委託單位：台江國家公園管理處，執行單位：成大文創育成與研發中心。

- 網路

Brown. T. (2009) Designers – think big! TEDGlobal 2009. https://www.ted.com/talks/tim_brown_urges_designers_to_think_big.html

Brown. T. (2010) Five Questions for⋯ Business Week. https://www.youtube.com/watch?v=Lwm6mULNc0I

Hasso Plattner Institute of Design at Stanford University https://dschool.stanford.edu/about/

IXSD Academy https://ixsd.academy/

Landry, C. (2010) Is it possible to have a creative bureaucracy? The Creative Leadership Forum. https://thecreativeleadershipforum.com/creativity-matters-blog/2010/9/9/is-it-possible-to-have-a-creative-bureaucracy.html

Landry, C. (2011) Creative Bureaucracy. Charles Landry Website. https://charleslandry.com/

themes/creative-bureaucracy/

The Creative Cities Network. (2017)　https://
　　en.unesco.org/creative-cities/

The Economist. (2017) The Global Liveability Report
　　2017.　https://www.eiu.com/public/topical_
　　report.aspx?campaignid=liveability17

2016 臺北世界設計之都官網　https://wdc2016.
　　taipei/

發表（本書部分內容曾在以下國際演講發表）

Liou, S.-R. (2016.01.05) Creative Cities and Design
　　Thinking. Keynote Speech at 2015 International
　　Conference of Culture and Creativity (ICCC),
　　National Cheng Kung University, Tainan,
　　Taiwan.

Liou, S.-R. (2016.04.30) Creative Cities and Design
　　Thinking. Guest Lecture at Universitas Gadjah
　　Mada, Yogyakarta, Indonesia.

Liou, S.-R. (2017.10.17) Creative Cities through
　　Design Thinking – Taiwan's Cultural Heritage as
　　a Point of Departure. Opening Lecture for the
　　Exhibition on Diversity and Transformation of
　　the Cultural Heritage in Taiwan at the University
　　of Birmingham, Birmingham, UK.

第二部分 _ 個案操作

5 個相關專案計畫與 10 場個案操作

一、第二部分總述

第二部分主要由 5 個專案計畫與 10 場個案操作所構成，包含壹、新世紀臺南文創大道行動論壇（個案操作 01~03）；貳、願景臺南 TAINAN VISION 行動論壇（個案操作 04）；參、臺南市產業創意行動論壇與規劃設計工作坊（個案操作 05~08）；肆、營造友善黑面琵鷺魚塭棲地保育產品行銷暨社會企業推動計畫（個案操作 09）與伍、印尼提高東協競爭力城市創新領導人才培育行動論壇（個案操作 10），如右表所示。

二、各個專案計畫之定位

在專案計畫壹（個案操作 01~03）中，每場個案操作皆由模式建構、工作坊與論壇 3 個小節所構成，其中的 3 場模式建構記錄了規劃團隊如何一步步初擬、修正與確立往後設計工作坊的運作模式。

專案計畫貳（個案操作 04）則引入國際專業規劃設計團隊 AECOM，針對大臺南地區進行願景規劃設計工作坊。

專案計畫參中的個案操作 05~07 則延續專案計畫壹中工作坊的操作模式，聚焦於農業、漁業與工業三種產業並將尺度擴大至大臺南地區。此外，由於專案參強調實質策略的產出，特別強調「共創工具與成果產出」的重要性。因此，最後以為期兩天並且高密度的作業（即個案操作 08），將三種產業的成果進行再深化與統整。

專案計畫壹到專案計畫參可視為一種設計工作坊原型創作的過程，從前期模式建構到後期透過共創工具推展至成果產出，整體而言，已發展出一套可反覆操作並且衍生變異的原型。

設計工作坊原型建立後，分別於專案計畫肆在七股地區落實於在地真實產業（虱目魚養殖）；以及專案計畫伍將層級擴大至國際工作坊，藉此連結臺灣與印尼的大學、政府之合作。

三、工作坊流程

以設計思考的 5 個步驟作為工作坊研擬之框架

工作坊的研擬主要以設計思考的 5 個步驟：「同理心」、「問題定義」、「創意發想」、「原型製作」及「測試」為主體框架進行，該框架可根據每次工作坊的主題、時間與複雜度進行擴充或刪減，亦可因其進程分成若干階段進行（如圖例所示）。

10 個案操作的工作坊流程

個案操作 01 可以算是完整體現設計思考的工作坊操作模式，分別以「各自發表」、「分類」、「立場表達」、「整合」及「發表」回應前述 5 大步驟。

個案操作 02 以「方案遴選」的方式建立同理心，由於所探討之問題已於個案操作 01 進行定義，因此刪除了「問題定義」之步驟。後續以「交叉討論」的方式進行創意發想，最後則同樣以「整合」及「發表」收斂。

個案操作 03 的重點在於彙整專案計畫壹的成果，因

	模式建構	工作坊	論壇	共創工具到成果產出	衍伸與差異	場域尺度
壹 新世紀臺南文創大道行動論壇						
個案操作 **01**	○	○	○			府城
個案操作 **02**	○	○	○			府城
個案操作 **03**	○	○	○			府城
貳 願景臺南 TAINAN VISION						
個案操作 **04**		○				大臺南
參 臺南市產業創意行動論壇與規劃設計工作坊						
個案操作 **05**		○	○	○		大臺南
個案操作 **06**		○	○	○		大臺南
個案操作 **07**		○	○	○		大臺南
個案操作 **08**		○				大臺南
肆 營造友善黑面琵鷺魚塭棲地保育產品行銷暨社會企業推動計畫						
個案操作 **09**		○			○	臺灣
伍 印尼提高東協競爭力城市創新領導人才培育行動論壇						
個案操作 **10**		○			○	臺灣與印尼

此刪除了最後的「測試」步驟。工作坊則採用了接近個案操作 01 的方式進行，但仍有所調整，例如在創意發想階段改以「篩選」進行。

個案操作 04 是一場為期 7 天的願景工作坊，第 1 天與第 2 天透過「城市踏勘」建立同理心，第 3 天至第 5 天則分別安排對應「問題定義」、「創意發想」與「原型製作」三步驟之專業論壇，藉此刺激團隊發想。第 6 天團隊專注於原型製作，第七天進行成果報告。

個案操作 05 以「現況描述」的方式作為工作坊起始，透過「挑選關鍵字」進行問題之定義，並且集體「腦力激盪」發想創意，後續透過「分享」再次定義問題，並且以「修正」的方式收斂創意點子，後續則進行歸納與報告。

個案操作 06、個案操作 07 則以「案例分享」建立同理心，由引導師「引導討論」，透過「發表意見」促進創意發想，隨後「歸納整合」再次聚焦問題並彙整成原型，最後進行簡報測試其方案。

個案操作 08 是一場兩階段的工作坊，第一階段 (或者說第一天) 以「各局資源分享與盤點」建立同理心，並以「案例分享跨域加值」方式定義問題，最後則以「擬定訪談問題」及「意見交流」進行創意發想。第二階段透過「研擬計畫草案」生產原型並進行第一次測試，隨後再次「深化計畫提案」並做成果簡報。

個案操作 09 是一場歷經半年的工作坊，由於參與者對於問題已有明確認知，因此第一次工作坊直接切入創意發想並生成原型提案，後續則以跨界推廣活動、校園推廣活動、臺北展售活動等三場活動進行測試。接著透過參訪活動建立同理心，並舉辦第二次工作坊。

個案操作 10 則是一場歷經半年並橫跨臺灣與印尼的工作坊，起先以「需求了解」建立雙方同理心，接著擬定工作坊模式並且定義焦點問題。後續於臺南舉辦工作坊進行集體創意發想並生產原型及測試。工作坊結束後，將成員帶至臺北踏勘藉此重新建立同理心，最後成員回印尼進行提案修正。

圖例

 同理心

 問題定義

 創意發想

 原型製作

 測試

 工作坊
第一階段

 工作坊
第二階段

 工作坊
第三階段

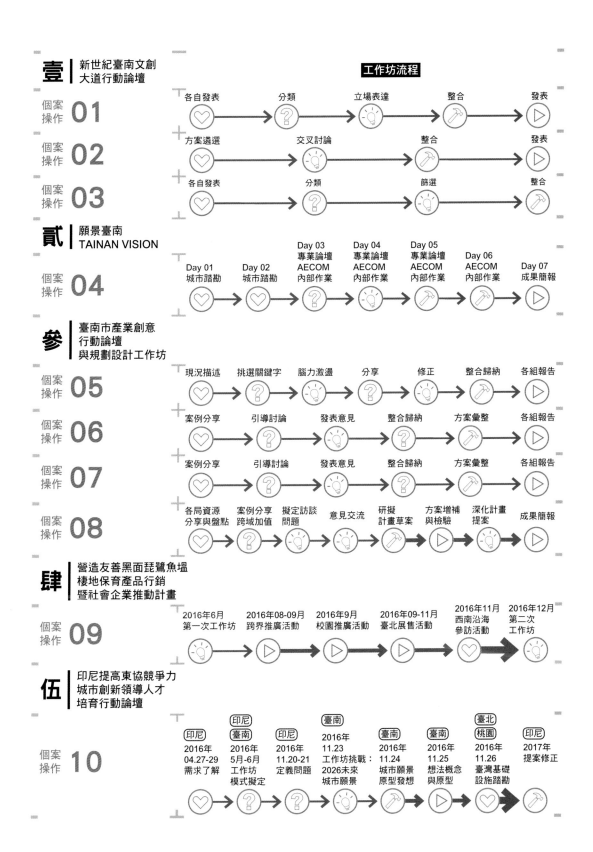

壹 新世紀臺南文創
大道行動論壇

工作坊流程

個案操作 **01**
各自發表 → 分類 → 立場表達 → 整合 → 發表

個案操作 **02**
方案遴選 → 交叉討論 → 整合 → 發表

個案操作 **03**
各自發表 → 分類 → 篩選 → 整合

貳 願景臺南
TAINAN VISION

個案操作 **04**
Day 01 城市踏勘 → Day 02 城市踏勘 → Day 03 專業論壇 AECOM 內部作業 → Day 04 專業論壇 AECOM 內部作業 → Day 05 專業論壇 AECOM 內部作業 → Day 06 AECOM 內部作業 → Day 07 成果簡報

參 臺南市產業創意
行動論壇
與規劃設計工作坊

個案操作 **05**
現況描述 → 挑選關鍵字 → 腦力激盪 → 分享 → 修正 → 整合歸納 → 各組報告

個案操作 **06**
案例分享 → 引導討論 → 發表意見 → 整合歸納 → 方案彙整 → 各組報告

個案操作 **07**
案例分享 → 引導討論 → 發表意見 → 整合歸納 → 方案彙整 → 各組報告

個案操作 **08**
各局資源分享與盤點 → 案例分享跨域加值 → 擬定訪談問題 → 意見交流 → 研擬計畫草案 → 方案增補與檢驗 → 深化計畫提案 → 成果簡報

肆 營造友善黑面琵鷺魚塭
棲地保育產品行銷
暨社會企業推動計畫

個案操作 **09**
2016年6月 第一次工作坊 → 2016年08-09月 跨界推廣活動 → 2016年9月 校園推廣活動 → 2016年09-11月 臺北展售活動 → 2016年11月 西南沿海參訪活動 → 2016年12月 第二次工作坊

伍 印尼提高東協競爭力
城市創新領導人才
培育行動論壇

個案操作 **10**
印尼 2016年04.27-29 需求了解 → 臺南 2016年5月-6月 工作坊模式擬定 → 印尼 2016年11.20-21 定義問題 → 臺南 2016年11.23 工作坊挑戰：2026未來城市願景 → 臺南 2016年11.24 城市願景原型發想 → 臺南 2016年11.25 想法概念與原型 → 臺北桃園 2016年11.26 臺灣基礎設施踏勘 → 印尼 2017年 提案修正

壹、新世紀臺南文創大道行動論壇

壹、新世紀臺南文創大道 行動論壇

一、規劃構想

這項計畫正式名稱是「新世紀臺南文創大道行動論壇」。

名為「行動論壇」，一方面希望能夠邀集相關的專家學者參與，提供專業上的見解並與臺南市政府的局處首長與業務同仁交流討論；另一方面，更希望此論壇的成果能夠導向後續的實踐。

因此在規劃上，沒有採用傳統研討會的形式，而是先擬定一個大方向範圍，再透過三場「論壇」以及每次論壇前兩次「策劃工作會議」（亦可稱為工作坊）來針對特定區域與主題做較深入的探討，這種方式強調的是參與者的互動與分享，事前的準備工作與事後的檢討修正就變得相當重要，過程中各種細節的鋪陳與執行，都希望促使參與者能解放既有的成見與想像，破除部門間的本位思考與階級觀念，達到腦力激盪與集體共創的目標。

行動論壇之執行時間分 3 次在 2013 年的 7 月、9 月及 11 月舉辦。

為了聚焦討論，7 月的論壇以文創大道的東半段，即成功大學至民生綠園一帶為對象；9 月的論壇以文創大道的西半段，即民生綠園至安平一帶為對象；11 月的論壇則以亮點區域，即海安路與中正路新十字大街及中國城與運河星鑽水陸空間為對象。

每次論壇皆區分為兩階段，前半段為「專題演講」，依序邀請「歷史文化」、「空間規劃」與「經營管理」三個不同領域的傑出專業者，針對臺南市狀況提出他們的見解與建議；後半段則是「焦點論壇」，由臺南市政府文化局、都發局、觀光局與交通局等四位局長輪流主持，並邀請三至四位的專家學者參與討論。

此外，每次論壇舉辦前固定召開兩次策劃工作會議，對議題的策劃與共識的凝聚有很大的幫助。

這些策劃工作會議以「工作坊」的方式進行，每隔 2 至 3 週舉行，使臺南市政府各局之間可以持續性地溝通並與相關學者專家交換意見。

最後，以原有 4 局的 21 項城市建設計畫為基礎，經過過多次論壇與工作坊的討論與整理，延伸發展出「臺南文創大道 101 提案卡」。

這套提案卡主要分為三個類別，第一個類別是「城市歷史與現況圖譜」，第二個是「城市行動提案」，第三個是「組織與系統」，最後也預留了一些空白卡片提供後續提案補充使用，總計 101 張卡片。

個案操作 03

探討範圍：以文創大道全區段作為對象

執行方式：

第一次
設計思考
工作坊
→
第二次
設計思考
工作坊
→
第三場
行動
論壇

個案操作 02

探討範圍：以文創大道的西半段，即民生綠園至安
平一帶為對象

執行方式：

第一次
設計思考
工作坊
→
第二次
設計思考
工作坊
→
第一場
行動
論壇

個案操作 01

探討範圍：以文創大道的東半段，即成功大學至民
生綠園一帶為對象

執行方式：

第一次
設計思考
工作坊
→
第二次
設計思考
工作坊
→
第一場
行動
論壇

角色扮演：發起者
白鷺鷥文教基金會
陳郁秀 董事長

角色扮演：統籌者
成功大學
劉舜仁 教授

角色扮演：
基金會溝通者
白鷺鷥文教基金會
方瓊瑤

角色扮演：
市府溝通者
臺南市政府文化局
陳珉蓉

角色扮演：
專案橋接者
C-Hub 成大創意基地
林珊 執行秘書

政府　　產業　　學術　　橋接者

產業
白鷺鷥
文教基金會

大學
成功大學
規劃與設計學院
C-Hub

政府
臺南市政府

大學
臺南藝術大學

產業
空間規劃設計
文化創意產業

二、關鍵角色

發起者｜陳郁秀

白鷺鷥文教基金會董事長陳郁秀於 2010 年受臺南市長賴清德之邀擔任臺南市政府顧問。

經過幾次與臺南市政府文化局、成功大學建築系傅朝卿特聘教授及劉舜仁教授、臺南藝術大學曾旭正教授以及陳柏森建築師等各產官學界的專家學者討論後，發展出「南市古都願景 -- 政策形成與執行方案」之構想，並希望透過「蘆葦與劍研討會」踏出實踐的第一步。

因此，開啟了「新世紀臺南文創大道行動論壇」的序幕。

統籌者｜劉舜仁

成功大學 C-Hub 創意基地執行長劉舜仁教授扮演著「統籌者」的角色，其統籌範圍如下：

1. 範圍確立
延續成功大學建築系傅朝卿教授從歷史文化角度提出之「文化與創意大道」，其範圍包含成功大學校園及其生活圈，中山路與中正路一帶的府城區域，以及鹽水溪以南至運河碼頭安平區。

2. 問題澄清
澄清臺南市當前所需面對之城市定位、創意聚落、與人才移居等三個層面的問題。

3. 方法擬定
採用 (2＋1) X 3 的行動論壇運作規律，並引入「文創套圖」與「設計思考」2 項操作性工具。

專案橋接者｜林珊

在此次個案操作中 C-Hub 成大創意基地執行秘書林珊扮演著關鍵的「橋接者」角色。

該角色旨在盤點白鷺鷥文教基金會、成功大學、臺南市政府各局處以及文化創意與空間規劃相關產業資源，針對城市創新等議題從中對接彼此利害關係，並協助落實至設計工作坊，促進各單位之參與及合作。

基金會溝通者｜方瓊瑤

作為專案計畫發起的單位，白鷺鷥文教基金會顧問方瓊瑤在專案進行中確保了相關資源的提供，包含了初期與臺南市政府的接洽，協助計畫進行中產業人脈的搭接，以及部分專案計畫的經費籌備。

市府溝通者｜陳珉蓉

作為本次專案的政府各個部門的溝通者，文化局陳珉蓉在市府內部跨局處間的溝通協調與資料統整傳遞上，擔任了極其重要的角色，若缺乏了這樣的角色，政府單位的參與度將大打折扣。

個案操作 01
臺南文創大道東半段聚焦工作坊

一、個案緣由與定位

「新世紀臺南文創大道行動論壇」總共歷經 3 次的個案操作階段,每次的操作均是 2 次工作坊加 1 次論壇。

第一次的個案操作特別重要,可說是「模式建構」時期。這個階段在於讓臺南市政府團隊可以理解與熟悉何謂「以設計思考為基礎的工作坊」,體會其進行方式與活動設計有何不同,同時瞭解如何與執行團隊共同協作,具備參與共創的認知。在後續的計畫執行期間,可以更積極投入,而非僅扮演傳統審核、撥款、與聯繫的行政角色。

在實際的操作上,均會有一次執行團隊的「預備作業」,接著才依序展開兩次工作坊,進行討論。最後舉辦一次的論壇,邀請不同領域的外部學者專家,針對前兩次工作坊得出的議題或提案給與意見。

二、模式建構

第一次個案操作的預備作業非常重要,工作團隊必須在每個操作階段之間,進行資料分析與準備活動工具,確保每次的活動都能適當銜接。

以設計思考為導向的工作坊著重的是行動中的開放討論與尋求跨界觀點,因此每次的作業都是一個連結的節點,需要回顧既有資料整理脈絡。同時,每次的作業也都是團隊集體共創的結果,用以連結過去與想像未來。因此,每個節點作業的成果都會成為下一個節點的素材。簡單地說,這是「滾動式」的作業方式,每次工作坊前都必須經歷密集的團隊討論,將資料精煉化繁為簡。也因此,並無一體適用的流程與內容設計,而是秉持設計思考的精神,搭建一個平臺,可以讓大家發揮集體智慧,面對問題相互對話,共同尋找更好、更有創意的解決方式。

而第一次預備作業面臨的重要議題包含:如何踏出第一步?如何準備資料?

如何提供探索的路徑?

可多工協作的陣容 / 組織跨域工作團隊

「組織跨域工作團隊」是開啟一系列設計工作坊的第一步,這個工作團隊必須在活動過程中,擔任掌舵導航的工作,必須一邊蒐集與整理資料,同時也協助將所有與會資料整理成重要議題,在過程中擔任引導師或助教,並設有觀察員從旁觀察與記錄。

「新世紀臺南文創大道行動論壇」由成功大學規劃與設計學院文創育成與研發中心所承辦,在建築系劉舜仁教授的主持之下,搭配計畫顧問,並網羅七位助理成為專案執行小組。團隊成員具備不同技能,有人擅於溝通擔任聯繫窗口、有人擅於空間規劃、有人擅於使用設計工具、有人擅於記錄分析、有人擅於主持表達、有人擅於田野分析。

工作團隊主要工作有:A. 收集與分析資料;B. 繪製圖像化資料;C. 擬定工作坊題目單;D. 準備工具箱。

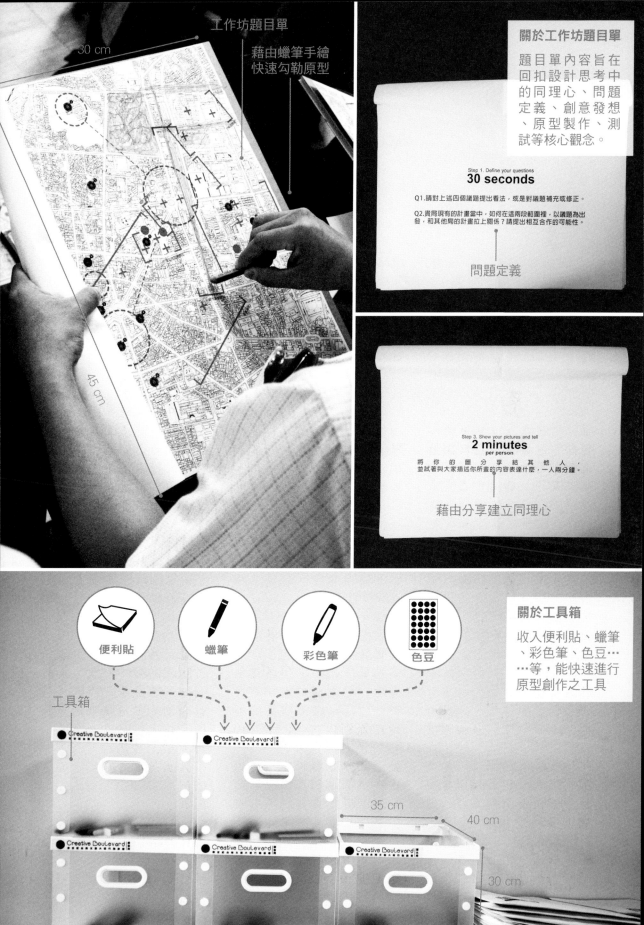

工作坊題目單

30 cm

藉由蠟筆手繪
快速勾勒原型

45 cm

關於工作坊題目單

題目單內容旨在
回扣設計思考中
的同理心、問題
定義、創意發想
、原型製作、測
試等核心觀念。

Step 1. Define your questions
30 seconds

Q1.請對上述四個議題提出看法，或是對議題補充或修正。

Q2.貴局現有的計畫當中，如何在這兩段範圍裡，以議題為出
發，和其他局的計畫拉上關係？請提出相互合作的可能性。

問題定義

Step 3. Show your pictures and tell
2 minutes
per person

將 你 的 圖 分 享 給 其 他 人 ，
並試著與大家描述你所畫的內容表達什麼，一人兩分鐘。

藉由分享建立同理心

便利貼　　蠟筆　　彩色筆　　色豆

關於工具箱

收入便利貼、蠟筆
、彩色筆、色豆…
…等，能快速進行
原型創作之工具

工具箱

Creative Boulevard
Creative Boulevard
Creative Boulevard
Creative Boulevard
Creative Boulevard

35 cm

40 cm

30 cm

理解與會者切身之要 / 收集資料，製作分類圖表

引導來自不同的局處與階層的市府人員可以一起加入討論，而非成為旁聽者，是貫穿所有系列活動的核心要務。

而且這些討論並非天馬行空或漫無邊際，必須是與會者曾經手、所熟悉、或業務相關的。因此，在「新世紀臺南文創大道行動論壇」初始，工作團隊針對過去的政策計畫進行盤點檢視，以此為根基連結未來政策的規劃，計畫一開始即向臺南市政府四個局處，都發局、經發局、觀光局、文化局索取近年在文創大道這個軸線上所進行的計畫資料，包含計畫名稱、時間、預算、地點 /範圍、計畫目標、類型、局處合作機會等。

此份表格（如右圖）成為建立圖像化資料的基礎。換句話說，工作團隊必須建立專案分析基礎資料庫，透過邀請參與者提供資料，希望採集到跟參與者切身相關的材料，也在於想打造可引發交集關聯的討論

情境；這樣的資料也有助於後續引導各局處人員建立同理心。

重組製造有效觸媒 / 繪製視覺化套圖，建立自有語言

工作團隊必須有能力將重要資料視覺化，包含概念圖製作、設計符號、與圖像化的呈現，藉此提供整體關聯性的思考。因此，工作團隊將上述的分列表套上文創大道軸線的地理區域圖，經過討論，擬出地點、計畫、議題與組織的面向，將計畫、議題、組織轉換成自行研發繪製的簇群套圖。

這張圖不僅在於呈現臺南府城重要的文化歷史元素，依著建城軌跡梳理出文創大道，更重要的是，這個視覺化簇群套圖的產出必須經過層層的處理。

經過工作團隊將之前各局處提供的政策資料加以整理後，搭配文創大道的實際空間地圖，將臺南市政府都發局、經發局、觀光局、文化局所進行的計畫標上地圖；並重新歸納劃分其地緣群聚。同時，工

作團隊重新設計符號來表示這些計畫所屬單位、計畫屬性、計畫大小、以及計畫區域，而再一次將其結構化，標示出簇群區域。

所以，這張「文創大道地圖」成為貫穿整個計畫討論的基礎底圖，因為將所有的計畫文件資料轉換成為一體的空間脈絡圖，可以讓市府成員在參與討論時，面對問題的陳述時更能理解相對應關係，並進行認知型態的調整，讓所有參與者彼此的對話回饋有相同的基礎，站在自己的立場同時也觀看到與他人的關係。

這個動作在於將原本的政策資料轉譯成此次工作坊的空間路徑，聚焦重要的節點，並且讓工作團隊可以進行活動流程模擬、預想與演練。

臺南市政府文化局、都市發展局、
經濟發展局與觀光局計畫盤點

符號化

OPEN SPACE　S　M　L　XL

Commercial

Cultural

Creative Industries

Religious

Park

關於視覺化套圖

計畫盤點與符號化

團隊內部
藉由套圖
初步共創

群組並串聯
相關政策

實際於工作坊運作

便利貼

投影機投射出的臺南市底圖

共創地圖的發展過程

集體共創設計思考工具
的工作坊助理

經發局
整合行銷科技化

安平港 - 漁光島
安平商圈／漁光島
一軸線：安平區
二軸線：億載金城
三軸線：漁光島

海安路
海安路景觀規劃／海安藝文美食輔導計畫／
府城歷史散步／兒恍門街廓改造工程
- 空間及歷史深化

安億橋區
- 河港交界園

臺南市政府政策之視覺化

林默娘公園

運河x中國城 樞紐地區
中國城及運河星鑽計畫／
安平港環港優先及運河銀河開發計畫
- 串聯安平區與海安路周邊地區

台南火車站雙軸
成大商圈／府橋數市路
321 藝術聚落
- 藝文成形
- 商業多樣化

連結鄰近區域相關之政策

美術館區
美術館設置計畫／府城歷史散步／
清水寺街廓改造工程／林百貨

億載金城

舊司法宿舍再利用

新世紀台南文創大道行動論壇 1-1
論壇與談人推薦邀請名單

作為集體共創之觸媒

便利貼

850 cm

TAIWAN STRAIT

三、工作坊主軸及流程

個案操作 01 參與對象為臺南市政府四個局處的團隊，這個個案的執行開啟產、官、學三方協作，共同在專案計畫壹進行過程中規劃公共政策的新模式。

然而，從整體觀點，工作坊的實際操作，所面對的重要議題包含：

1. 如何建立共識？
2. 如何打破科層體制？
3. 如何促進跨局／跨界合作？

從局長、科長與組員，可以相互交換意見，在討論交流過程中，嘗試找到政策與問題的優先順序。因此，工作坊的操作在流程的設計上，首先想嘗試打破各局的上下階層關係，並在規劃未來願景之前，先找到不同計畫間的關連性。

工作坊的操作流程如右圖所示，從各自發表、分類、立場表達、整合到發表，一步步引導成員交流與共創。

從市政創新的角度，在於導入以設計思考為核心的「創意官僚」概念，透過工作坊的活動設計創造一個對話與整合的介面，讓市府內部單位可以發揮其各自的創意與才能，同時與其他局處進行協作。為達成上述效益，整個專案執行過程歷經層層的鋪陳，細膩謹慎的設計活動流程，嘗試漸進打破各種官僚體系內的界限。

在這期間工作團隊除了維持共創平臺的流暢，也從旁觀察與記錄，彙整所有的資料後，開始準備個案操作 02。

圖像先於文字，傾聽先於述說

設計思考工作坊強調集體的共創參與，透過活動的設計讓多元的思惟可以呈現，參與成員的意見可以發聲，鼓勵圖像化發表便是常用的方法之一。

工作團隊將大家的討論意見，整理成四個重要議題：

1. 城市基盤建設
2. 大學城聚落
3. 創意青年
4. 大型公共空間釋出

然後進入各小組操作。各小組成員均有四個局處的局長、科長與科員，並加上一名學者專家參加小組討論。各小組進行腦力激盪及相關作業 45 分鐘，歷經六個步驟後，由局長起身來分享發表該局的想法。

工作坊題目單的六個步驟為：

1. 閱讀問題
2. 試著不用文字，以畫圖的方式在討論的臺南文創大道底圖上回應問題
3. 將圖與組員分享，用圖表達看法
4. 將看法文字化，寫成三項重點
5. 各組將所有組員的項目作分類歸納
6. 最後統整出一張 A3 的圖與一張 A3 的文字

透過四個議題的設定讓小組討論來收斂觀點，各組

成員必需能順利進行意見表述，然後嘗試想像與連結，發展提案，並共同決定下一步的操作，包含文創大道的區段、議題與邀請演說的人選。

空間類型 _ 可彈性使用的空間 01

一場能夠不斷激發創意的工作坊除了透過設計思考的方式引導討論外，富有彈性的空間場域也是極為重要的。在個案操作 01 中所挑選的成功大學耐震大樓四樓綠色教室就是這樣的一個空間，除了提供工作坊分組討論、集體討論與向心式集會類型使用外，更可因應中場休息、社交等需求變更成流動型空間 (詳頁 48)。

同理心

問題定義

創意發想

原型製作

測試

各自發表
• 以局處為單位分組討論，局長、科長、科員們，透過討論各自表達對於局處進行中、即將進行、策劃中專案的看法。

分類
• 除各自發表意見後，分類議題區位及性質，並用便利貼將議題標示在發生區域上。

立場表達
• 表達各自立場，選出文創大道上亮點議題。

整合
• 整合各局處與專家群意見，聚焦議題並於第二次論壇策劃會議提出討論。

發表
• 各組組長上臺發表結論，藉此交換整合各局意見與看法。

空間類型_可彈性使用的空間 01
情境01 / 分組討論

引導討論的工作坊助理

臺南市政府文化局
葉澤山 局長

臺南市政府文化局
科員

工作坊題目單

30cm

打破層級的家具配置

空間類型_可彈性使用的空間 01
情境02 / 集體討論

家具裝置_集體共創的大型面板

160 cm

850 cm

家具裝置_誘發創意思考的趣味座椅

家具裝置_參數化設計壁板

家具裝置_曲線天花

ARCHI-TALK

200 cm

155 cm

視覺穿透的介面

促進交流的簡易餐點

歷史文化

由「獨佔」到「共享」
- 臺南市中心都市空間的「解嚴歷程」

成功大學建築學系
徐明福 教授

空間規劃

把握契機 城市改變
- 都市更新需要一個啟動的契機

AECOM亞太區
沈同生 執行總監

經營管理

華山文創園區評量的三個判準

臺灣文創發展股份有限公司
王榮文 董事長

個案操作01論壇與會人員及議題

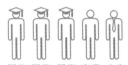
學術 學術 學術 產業 政府

議題一_創意大學城
1. 城市基盤建設：新站文創大學城、無邊界特區
2. 大學城聚落 (研發聚落、孵育聚落、共享聚落、聚落連結)

議題二_創意府城前半段
1. 創意青年 (青年創業、青年消費、青年商圈)
2. 大型公共空間釋出 (高等法院臺南分院臺南醫院)
3. 臺南美術館園區 (清水寺周邊歷史巷弄)

臺灣吉而好股份有限公司
侯淵棠 董事長

臺南市政府文化局
葉澤山 局長

成功大學建築學系
鄭泰昇 主任

成功大學創意產業設計研究所
□蕙玟 助理教授

國立臺南藝術大學
呂理煌 副教授

四、論壇

發散匯聚創意，汲取外部專家意見

論壇的舉辦，可說是一次開放式的創意激盪。前兩次工作坊所發展出來的初步提案，尚屬於市府團隊內的討論，為了聽取外部意見，因此邀請產、學、研等外部專家來發表演說以及與談，這樣的活動流程安排在於匯聚多元觀點，針對之前討論進行跨域的火花激盪，因此會議中也產出許多意想不到的點子。

這次論壇有兩個焦點，創意大學城與創意府城前半段，活動安排分別由文化局長與都發局長擔任主持人。也等於是市府團隊向與會專家請益。

奠基工作坊的討論，前述階段的四大議題更進一步擬定出更聚焦的子議題。

創意大學城與創意府城前半段

在「創意大學城」部分：

1. 城市的基盤建設：新站文創大學城、無邊界特區。
2. 大學城聚落：研發聚落、孵育聚落、共享聚落、聚落連結。

在「創意府城前半段」部分：

1. 創意青年
青年創業、青年消費、青年商圈。
2. 大型公共空間釋出
高等法院臺南分院臺南醫院。
3. 臺南美術館園區
清水寺周邊歷史巷弄。

而這次論壇與會的產、官、研、學者包含：

- 臺灣吉兒好股份有限公司
侯淵棠董事長
- 白鷺鷥文教基金會
陳郁秀董事長
- 臺南市政府都發局
吳欣修代理局長
- 臺南市政府文化局
葉澤山局長
- 成功大學
創意產業設計研究所
林蕙玟副教授
- 成功大學建築學系
鄭泰昇主任
- 臺南藝術大學
呂理煌副教授

外部專家學者的邀請特別著重在創意產業、建築、藝術、文創相關領域，以契合此次論壇所要討論的議題。

此次的討論，就成為提案修正的基礎，而這些發想被記錄下來，也成為下一階段發展的材料。

五、場域選定

個案操作 01 所探討之空間段帶為：

1、成大校園至火車站
此帶狀空間以成功大學的腹地至臺南市火車站為主，其相關計畫為經濟發展局的「成大商圈輔導服務計畫」。

2、火車站至民生綠園
此帶狀空間從臺南火車站到臺灣文學館，其相關計畫為文化局的「321 藝術進駐計畫」。

因此選定上述空間段帶中的重要歷史場域「臺南知事官邸」作為論壇舉辦之地點，透過場所自身的歷史定位與環境氛圍，激發參與者更加投入工作坊的討論。

臺南知事官邸

原臺南縣知事官邸位於臺灣臺南市東區，為市定古蹟。過去是日治時期臺南縣的知事所住的官邸，後來臺南縣改為臺南州後，繼續延用為州知事官邸。而當有日本皇族來臺時，偶爾也會將該建築做為「御泊所」供皇族居住。
(資料來源：https://goo.gl/AXuCTV)

六、論壇演講節錄

華山文創園區評量的三個判準

圖片提供／臺灣文創發展股份有限公司

文字／臺灣文創發展股份有限公司 董事長 王榮文

2006 年，我和現在的政大校長吳思華先生一起去韓國。他帶隊為臺灣科學園區的下一步做考察，我則抱著好奇的心，觀察當時已經進行 18 年、開發 80 公頃，以「生產、生態、生活」三生合一為號召的出版專業園區─坡州出版城。當時雖然對「文創產業是否需要一個專業產業園區」非常關心，但後來會投入華山文化創意產業園區的經營，卻純屬意外。

從 2007 年 12 月進駐華山，2008 年開始營運，到今天已經將近五年多。2008 年到 2009 年，我們先完成「場域的開放」，2010 年我們展開「群群的帶動」。有量的基礎之後，2011 年我們開始啟動「品牌的堅實」。2011 年過後，我們終於在招商展店上，確立一幅較為穩定的服務內容拼圖，也在營運管理，確立「全區思考，分區自治」的組織布局。至此，華山可說是完成了醞釀階段、開創階段的過渡任務，可以大步邁向「深耕」的進程了。

嘗試、變動、不斷而快速的修正錯誤、導向正途，是華山昨天的挑戰。勇敢、定心、穩舵前航，「在地化、雲端化、國際化、產值化」，是華山今天與未來的課題。除了穩定的發展方向與經營策略，華山也應該有一個清晰的評量判準，一方面隨時自我檢討，另方面也做為政府與各界給華山打分數的依據。

四年來，我最常叩問的就是：華山有沒有做成──
一、文星匯聚之地。
二、文化觀光熱點。
三、創投基金尋找標的之處。

文星匯聚的真義是：文創以人為本，人材就是品牌，當過去的明星、現在的明星以及未來可能的明星匯聚遇合、跨界激盪，「創意、創新、創業」就有發生的機會。

我們要問：華山提出的論述、策劃的展演、營造的機制，有哪些足以號召四面八方的文星「華山今論劍，創意起擂台」?) 要成為文化觀光熱點，必須有令訪客「心生感動」的元素。林谷芳先生則進一步拆解，要華山能夠創造出「朝聖的感動」「回憶的感動」或者「驚艷的感動」。

我們要問：華山所搭建的舞臺、所邀請的表演、所設計的店家以及所創造的風

景，究竟有沒有散播出哪一種感動、感動的力道又有多強呢？

創投的意義，在幫助創意與創新找到創業機會，並因此獲得投資的回報。華山的任務，一方面要營造一個優質的平臺，提供源源不斷的創意以及創新，讓創投有用武之地；另一方面要透過文創人材與創投的媒合，孵育出新興的文創品牌，創造加值（add up）與升級（top up）的效應，讓創投有收割可期。

我們要問：華山已經發生的會、展、演、店，有哪一些曾經獲得創投的青睞？未來的策展與策店，如何才能夠吸引創投的眼光：有熱情、有願景、有市場、有商業模式？

華山是臺灣地區第一個依照《促進民間參與公共建設法》委託民間經營的文創園區，因此，被賦予一個「文創產業旗艦基地」的使命。在臺灣眾多文創基地之中，我們要如何稱職地勝任這個「旗艦」的角色呢？

如果我們能夠時時以這三個判準提醒自己，嚴選有潛力的會、展、演、店文創各領域明星以及新星，讓他們的作品或品牌不但在匯聚華山時能夠聚集目光，成為文化觀光的熱點；其後也可以複製、可以移動，可以走出華山，在臺灣其他地方發光、在大陸發光、在世界各地發光，這樣創投就更願意投資。而一旦藝企融合無間，這些用創意經營故事、經營感動所成就的品牌，將更有能力開疆闢土、經略四方，文化創意產業的集體繁榮，也就大大可期。

「文星匯聚、觀光熱點、創投標的」這三個判準，是華山經營團隊（臺灣文創發展公司與基金會）與外界、公部門溝通及自我檢驗績效的關鍵指標；華山文創園區經營的願景是成為「一座舞台、一所學校、一種風景、一本大書」的創意江湖。我們將不斷打造華山成為隨時隨地可以領會五感體驗的金銀島，未來，數位華山也就是隨時隨地可自主學習的移動城堡。歡迎大家以此做為鞭策，幫我們打分數。

個案操作 02
臺南文創大道西半段聚焦工作坊

一、模式建構

設計思考導入政策擬定

延續個案操作 01 中模式建構的脈絡，如何以設計思念的概念發展到初期創意政策擬定，會是本次工作的重點。

運用圖像視覺思考的方式在第一階段 (Step_01 ～ Step_03)，對工作坊討論之區段及議題展開新的發展概念，進而推銷構想，在解釋圖表時幫助整理腦中的想法；到第二階段 (Step_04 ～ Step_07) 可以快速地把圖像轉成文字敘述，市政府 4 局依此操作方式獲得其他發想。

如何在工作坊中有效地共創行動方案卡

Step_01：Define your questions

Q1：請對五個議題提出看法，或是對議題補充或修正。

Q2：貴局現有計畫當中，如何在這兩段範圍裡，以議題為出發，和其他局的計畫拉上關係？請提出相互合作的可能性。

Step_02：Answer the questions without words

請在底圖上，利用蠟筆回應上頁的兩個問題。可以透過畫圖、畫線、畫箭頭或是著色等來表達，禁止使用文字。

Step_03：Show your pictures and tell

將圖分享給其他人，並試著描述所畫的內容要表達什麼。

Step_04：Add Information to your teammates

第一輪的發表中挑選印象深刻或有潛力的提案構想，在組員的圖邊貼上圓點貼紙，並替他 (她) 補充不足的資訊。

Step_05：Turn your thought into words

將剛才所表達的想法和他人的建議整合成三項文字描述。

Step_06：Discuss with your teammates

將三個答案分類，各組內部篩選整合。

Step_07：Presentation

將統整好的想法整理成一張 A3 的圖與一張 A3 的文字，上臺發表。

上述從設計思考導入政策擬定的方式將被運用在個案操作 02 當中。

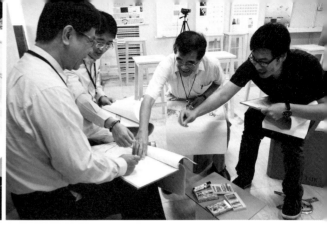

在底圖上,利用蠟筆回應問題,禁止使用文字。將圖分享給其他人,並描述所畫的內容要表達什麼。

挑選印象深刻或有潛力的提案構想,在組員的圖邊貼上圓點貼紙並替他補充不足的資訊。

將剛才所表達的想法和他人的建議整合成三項文字描述。

將三個答案分類,各組內部篩選整合。

二、工作坊主軸及流程

個案操作 01 產出的行動方案之遴選

每個人自行選擇以貼紙票選行動方案，好的方案要滿足四項條件：重要、可行、迫切、創意性。就個人認知貼上貼紙。每個方案偏向可能不同，但能看出與會者對每個方案的整體看法，其過程如左圖所示。

交叉討論與整合

交叉討論全程 65 分鐘，不再以局處分組改採隨機分組，由四位學者分組帶領討論，搭配工作坊題目單 (詳頁 46) 的六個步驟進行。

接著以前述模式建構所提之「設計思考導入政策擬定」的七個步驟進行方案整合與發表。

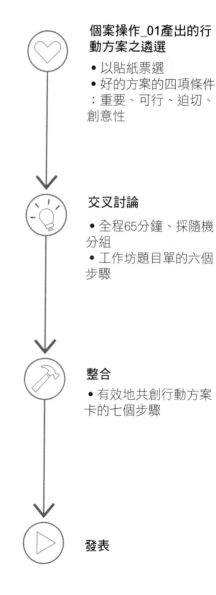

個案操作_01產出的行動方案之遴選
• 以貼紙票選
• 好的方案的四項條件：重要、可行、迫切、創意性

交叉討論
• 全程65分鐘、採隨機分組
• 工作坊題目單的六個步驟

整合
• 有效地共創行動方案卡的七個步驟

同理心
問題定義
創意發想
原型製作
測試

發表

三、場域選定

個案操作 02 所探討之空間段帶為：

1、民生綠園至運河盲段
此帶狀空間從孔廟及臺灣文學館為核心的孔廟園區經林百貨再到中正路運河碼頭為核心的運河星鑽計畫。

2、運河盲段至安平
此帶狀空間以中正路運河碼頭至熱蘭遮城及億載金城雙核心的安平歷史風景區為範圍。

因此選定上述空間段帶中的重要歷史場域「林百貨」作為論壇舉辦之地點。

林百貨

林百貨，座落於臺南市末廣町，是臺灣目前唯一擁有頂樓神社的百貨公司。於 1932 年 12 月 5 日開幕，與臺北市榮町的菊元百貨並稱為臺灣日治時期南北兩大百貨。在二次大戰後曾改為其它用途，亦曾長期閒置，後來公告為市定古蹟。林百貨經修復後於 2014 年 6 月 14 日以原名再度開幕，轉型為文創百貨。(資 料 來 源：https://goo.gl/34Ba0)

工作坊成果展出

配合論壇舉辦，展出與論壇議題相關之工作坊成果，其成果主要分成以下三類：

1、願景
簡述「新世紀臺南文創大道行動論壇」計畫願景，與本次論壇之焦點議題。

2、工作坊活動紀錄
(1) 紀錄個案操作 01 與 02 中從獨立片段到整合共識之過程。
(2) 同樣以個案操作 01 與 02 為對象，描述如何將設計思考導入政策擬定之步驟。

3、提案卡
工作坊成果展出，「臺南文創大道 101 提案卡」(詳頁 78) 的階段性產物。

歷史文化

從大正町到末廣町
- 從摩登老街到文化創意大道

成功大學建築學系
傅朝卿 特聘教授

空間規劃

從交通城市到交流的城市
- 如何通過城市交通展現人性城市的風範

AECOM
劉泓志 資深副總裁

經營管理

創意。城市。品牌。未來

大小創意齋
姚仁祿 創意長

個案操作02論壇與會人員及議題

產業　學術　學術　產業　學術

議題 /
一、創意府城後半段
二、創意熱蘭遮城

AECOM
劉泓志 資深副總裁

成功大學創意產業設計研究所
仲曉玲 助理教授

臺南藝術大學
邱宗成 總務長

成功大學規劃與設計學院
林峰田 院長

財團法人臺南企業文化藝術基金會
葉重利 執行長

四、論壇

個案操作 02 論壇的探討主題為：

一、創意府城後半段

1. 創意交通運輸
串聯、接駁、創新載具、綠色能源
2. 浪漫街區再造
末廣町風華再現、海安路再造、日落大道
3. 創造性破壞
中國城爆破藝術行動、運河盲段空間再造

二、創意熱蘭遮城

1. 由外圍轉進內部
遊憩碼頭空間利用、公有空間釋放、創意人才進駐
2. 安平新生活
新興社區發展、親水空間再造

針對本次議題邀請 3 位主講人：

- 成功大學建築學系
  傅朝卿特聘教授
- AECOM
  劉泓志資深副總裁
- 大小創意齋
  姚仁祿創意長

各自講述「從大正町到末廣町 - 從摩登老街到文化創意大道」、「從交通城市到交流的城市 - 如何通過城市交通展現人性城市的風範」與「創意。城市。品牌。未來」等主題，並於演講結束後進行座談。

座談的部分以前述演講為基礎展開，引入相關產業界及學術界與談人：

- 財團法人
  臺南企業文化藝術基金會
  葉重利執行長
- 臺南藝術大學
  邱宗成總務長
- 成功大學規劃與設計學院
  林峰田院長
- 成功大學
  創意產業設計研究所
  仲曉玲助理教授

從大正町到末廣町－
從摩登老街到文化創意大道

圖／文
傅朝卿／國立成功大學 建築學系 特聘教授

前言

這幾年，全球許多城市都在重新檢討定位，同時尋求新的自明性，以便在二十一世紀更有競爭力。重新檢視臺南市的都市發展，我們可以發現一條軸線貫穿三個重要的地區（安平熱蘭遮城、府城及成功大學大學城）。在過去，這三個「城」被運河與縱貫鐵路在空間上區隔為三個明顯的部份，但進行中的運河星鑽計畫與鐵路地下化計畫將有機會縫合這三處都市區域。在二十一世紀創意產業順勢而起的年代，這一條貫穿臺南市中心的軸線若能被以「創意」的概念加以整合，必然可以創造一條世界獨一無二的歷史創意文化大道，與法國香榭里榭大道、愛丁堡皇家哩或是巴塞隆納的朗布拉大道並駕齊驅。其中，從臺南火車（臺南驛）站到臺南運河碼頭（臺

南船溜）可以說是臺灣日治時期現代性最強的街道，而其周圍卻又是臺灣歷史最豐富的街區。從歷史而言，它是一條摩登老街；從契機而言，它將會是一條文化創意大道。

最摩登的現代街道型式

1895 年（清光緒 21 年、日明治 28 年）入臺之初，日人曾經短暫與過渡性的使用清朝時期所留下之各種建築。可是為了更有效率的行使統治權，日本據臺後也很快的更改清代舊有之行政區域，劃定新的行政區劃，接著便展開新的建設，以期塑造一個與前清截然不同之實質環境，此舉意謂著舊有政權之瓦解與政治權力之重新分配。然而最初日本統治臺灣時之都市改造動機卻是因為殖民政府對於都市環境的態度無法認同而從衛生觀點著手。早在 1897 年（日明治 30 年），臺灣總督府就因為臺北城內之道路狹窄彎曲，污水溢流缺乏上下水道，導致疾病叢生，因而發布《臺灣中央衛生會規則》，以期統籌城市公共衛生，改善環境。1899 年（日明治 32 年），臺灣總督府發佈《臺灣下水道規則》及其施行細則，冀由統一市街下水道設施，保持衛生品質。同年亦公佈各

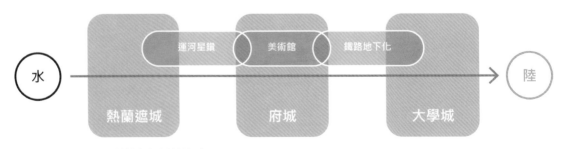

圖 1. 連接水陸縫合三城的臺南大軸線概念

種市區計畫內劃定為公用或官用之目的預先告示之地域內有關地建築物管理要項》，以為城市中公共設施用地禁建之法律基礎。同年臺北市城內即實市區計畫，成為臺灣都市計畫之濫觴。1900 年（日明治 33 年），臺灣總督府再發佈《臺灣家屋建築規則》，之後其施行細則也公佈實施，此規則之重點乃是新建築之興建必須經過核准，同時也授權政府可以把不良之建築拆除。雖然從此臺灣建築之管制已經展開，可是其重點卻仍然是衛生與環境之改善。

在街道改善的過程中，「市區改正」的觀念與實踐也在二十世紀初，於臺灣成形。當傳統的行政區瓦解，新的行政區劃形成後，日人於是開始對臺灣傳統之聚落進行重新塑造的工作。藉由市區改正與都市計畫之實施，習自西方之格子狀道路系統與圓環等新的都市空間被生硬的植入臺灣城鎮之中。明治維新後之十九世紀末日本成為現代世界最新的強權國家，諸事師法西方文明，因而在城鎮之現代化上自然也根源於西方現代都市之模式。「市區改正」是日本人在改造臺灣傳統城鎮時較早之手法，事實上，我們由「改正」一詞上，已經隱約看到日本政權對傳統與現代（西方）都市之價值判斷。當這種情形被應用到臺灣這一個日本殖民地時，其意涵變成了統治者理想都市與被統治者傳統聚落脈絡之價值取捨。在城鎮發展上，拆除原有城鎮兼具有防禦功能及象徵意義之城牆。因而在臺灣許多城鎮市區改正之過程中，臺灣傳統建築有的全部遭到拆除，有的則是部份遭到拆除，因而形成一種新的建築形式。經由「市區改正」與後續的「都市計畫」，日治時期五十

年臺灣城鎮可以說是改頭換面。傳統城鎮範圍之瓦解，使新的市區得以超越舊城牆之局限而發展。而在此過程中，都市之立面之強調與都市節點例如十字路口與圓環新都市空間之出現是原傳統聚落中少見之兩個特徵。在其新風貌中我們可以歸納出下列在傳統聚落中少見之兩個特徵。都市立面之強調，不僅見之於街屋，沿街面之公共建築亦是如此；十字路口與圓環新都市空間之出現使都市紋理更加豐富。日治時期實施市區改正與都市計劃在本質上是一種「科學化」之都市環境改善過程。

臺南市在 1899 年（日明治 32 年）尚未實施市區改正時，就已經成立「臺南市區計畫委員會」，為臺南市之城市改造進行準備。然而到 1911 年（日明治 44 年）7 月，臺南市區改正計畫才正式實施。不過在市區改正之前，部份舊城牆拆除卻已先行開始。在新市區改正中，臺南火車站前出現了一個正式的圓環（明治綠園），形成了五條街道（今北門路一段、二段、成功路、富北街與中山路）朝向綠園的情況，車站在都市結構的角色大幅提高，成為臺南市東緣的端景。在五條集中於臺南火車站的街道之中，中山路（即大正町）往西延伸為另一個重要的圓環（今湯德章紀念公園，日治時期為大正綠園），街道兩旁廣植鳳凰木，而大正綠園更是日人重要機關的所在，附近有州廳（今國立臺灣文學館）、合同廳舍（今消防隊）、警察署（今警察局）、測候所（今臺南氣象站與氣象博物館）、臺南歷史館（已毀）以及臺南博物館（已毀）等建築，臺南火車站到臺南州廳之間的街道成為臺南都市中的主軸，取代了原垂直於車

站成功路（明治町）之重要角色。1926年（日大正15年／昭和元年），臺南運河竣工；1932年（日昭和7年），被稱為臺南銀座的末廣町店舖住宅（今中正路忠義路街屋）落成，由臺南火車站到臺南州廳的軸線更往西到達臺南運河口，形成一端為陸路樞紐，另一端為水運碼頭的東西大動脈，貫穿行政區與商業區，在臺灣都市中十分罕見。換句話說，一條具有東節點（車站）、中節點（州廳圓環）與西節點（運河碼頭）東西軸線在1930年代已經成形，以臺南驛為陸運中心，以臺南州廳為政治中心，以銀座（末廣町店舖住宅）為商業核心，以運河碼頭為水路中心，為是當時期臺灣最摩登的現代街道，包含了端景圓環、林蔭大道、放射圓環、商業大街及端景碼頭五個重要的現代都市節點。

端景圓環

圓環是現代都市發展過程中十分重要的節點，以巴黎的凱旋門廣場最為有名，日本統治臺灣期間，不同城市的市區改正計畫中，也都出現了圓環，其中以圓環的概念加上城市端景的概念而成的端景圓環出現在新竹市、臺中市與臺南，

但以臺南市的空間尺度最大。1900年（日明治33年）5月，在縱貫鐵路尚未通車實，第一代的臺南驛就已建設完成，是一棟樸實的洋風式樣之建築。此車站經過三十多年之使用，已經逐漸不敷使用而且老舊，不足以成為發展中之臺南市之門面，因而改建之聲不斷。日昭和7年（1932年），重建工程開始進行設計，由鐵道部的改良課負責，主要之技師為宇敷赴夫。日昭和11年（1936年）3月15日這棟具有現代建築雛型的車站終於竣工，成為臺南市的新門面，也是臺南市市區東緣一處重要端景。

新建的臺南驛為一棟二層樓之建築，大廳之前有門廊，正面為供汽車旅客上下之入口，兩側為行人入口，今仍維持原貌。穿過門廊後原為一高兩層樓之售票大廳，售票處居中，入口位於兩旁；今則改為單純之旅客大廳，售票間拆除，正向全部改為入口。大廳之後為位於北面小候車室及南面之大候車室，中間夾以通道通往月臺。此外一樓尚有手提行李存放室、旅客服務處、公共電話室及男女化粧室。從一樓大廳有樓梯可上二樓，大廳之上全部挑空，候車室之上，南面為鐵道餐廳，北面為鐵道旅館，設有九間房間，其中有兩間為套房。此外

圖2. 原臺南驛舊貌

圖3. 原臺灣日報社舊貌

於二樓也附設有酒家、圍棋娛樂室及更衣室等設施，提供旅客簡便之餐飲及住宿之服務。

臺南驛建築之立面構成可視為是由厚重之腰牆、菱形屋簷飾以及屋身所構成。門廊正面入口為三個圓拱門洞，兩側入口為弧拱門洞。門廊於轉角兩側各開有一圓窗，門廊為平頂，屋簷有簷飾，並於中央處略為高起成為山形壁之女兒牆，上有精緻之浮雕裝飾，其圖案中央為大圓珠，兩側為花草紋樣。大廳部份所有開口均為長形圓拱窗，西面七座，南北面各四座。西面中央的三個圓拱窗由四根壁柱分列其旁做為邊框，柱頂有圓頂花草紋短柱飾，屋簷並比兩側略高，內有連續小拱圈。正中央之拱圈之上原有嵌入式之時鐘一座，現被一電子鐘所覆蓋。至於在室內之開口部方面，拱圈仍為最主要之空間元素。

在臺南驛的前面是一個大圓環，在西南角本來有一棵大榕樹，圓環邊也從本來不起眼的木造建築群發展，出現如臺灣日報社一類的西洋歷史式樣建築。在歷經數十年的都市發展之後，這個端景圓環的端景臺南驛仍在，且已經是一座國定古蹟，不過大家已經習慣以「臺南火車站」來稱之。圓環中的綠地在 1970 年代由臺南東區扶輪社捐贈了一座鄭成功雕像，也彰顯了臺南與鄭成功密不可分的關係。原臺南日報社亦已 1970 年代改建為國賓大樓，與之相對位於成功路口的則是 1960 年代就已興建的臺南大飯店。雖然在這個端景上的老建築除車站本體外已經全部改建，但此圓環在臺南市的門面角色依然存在，且火車站周邊仍然是長途客運的轉運節點，交通樞紐的地位也依然存在。在鐵路地下化之後，這個端景圓環將會脫胎換骨，再加上火車站北鄰由原煙酒公賣局改造的臺南創意文化園區即將啟動，火車站南鄰的北門路又是商業集中之區，若是圓環上的建築可以用創意的設計手法加以改造，此端景圓環將會是臺南市一處新的創意亮點。

林蔭大道

林蔭大道是現代都市中非常具有代表性的元素，最有名的就是巴黎的香榭里榭大道。日治時期，這種結合樹群與街道的新型空間被引入臺灣，臺北中山北路與仁愛路是為當時最具特色者。在臺南市市區改正計畫中，從臺南驛至大正公園這一條道路雖然不長，卻是臺灣城市

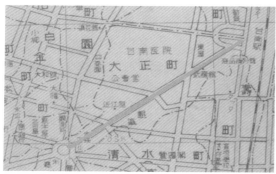

圖 4. 原大正町位置圖

圖 5. 原大正町上鳳凰木盛景舊貌

圖 6. 原大正町大正橋舊貌

圖 7. 原臺南市工商獎勵館舊貌

中最富「色彩」的一條。因為這條路上滿植兩排鳳凰花，每年從五月到盛夏，這條路上總是一片「紅海」，也因而鳳凰花竟也成為臺南市的市花，對於臺南市民有無比的意義。

這條大道以現今的民族路為界，分為兩個區段。民族路東側，更有橫越市中心的德慶溪，由大正橋跨越之。在民族路至車站這一段，原有兩處重要的建築物。一處是臺南市工商展覽館，另一處是臺南醫院。工商展覽館在戰後被改造為高等法院臺南分院，臺南醫院也陸續改造成為今貌。民族路西側至大正綠園間則有臺灣歷史最古老天主堂之一的臺南天主堂，與全臺最重要的民俗活動場所的開隆宮，為以商業為主的這條道路增添了宗教與文化特色。

這一條原為臺南市最漂亮的林蔭大道，在戰後因位道路拓寬及交通流量大增，以致於原有的鳳凰木被砍除，後來雖在臺南醫院前補植幾株，終究再也不是昔日風采。目前這條馬路的東段，商業行為多數以青少年為主要消費族群，FOCUS 百貨及南方廣場，更是臺南市青少年主要匯集處。馬路的西段，雖然商業不若東段熱絡，但因有補習班的設立，也經常是青少年流動之處。再加上這段道路上的開隆宮以「做十六歲」成人禮全臺著名。如果高等法院臺南分院及臺南醫院將來可以配合都市發展而遷移，騰出的空間可以改造為以青少年為主的創意商家，配合成人禮的創意發想，相信將可創造出一條新世代創意大道！

放射圓環

原大正綠園這個放射狀圓環共有七條道路交會，在臺灣算是等級很高的交通節點，在圓環中原立有日本總督兒玉源太郎雕像，因而在過去，臺南市民習慣稱呼此圓環為「石像」。日治時期，在尚未實施市區改正之前，這個圓環是不存在的，後來因為州廳與其它重要官署及公共建築均計劃擇址於附近，於是圓環的成形更加具有迫切性。到二戰末期被盟軍大轟炸之前，位於圓環上的重要建築有臺南州廳、臺南合同廳舍，緊臨圓環的還有臺南測候所、臺南博物館與臺南議會。

日治之初，臺南設縣，縣廳設於原清朝臺灣分巡道按察使之巡道署（今永福國小址），1909年（日明治42年）曾計畫於原臺南府署新建廳舍，但總督府並面之幸町面臨大正綠園之處，廳舍於1913年（日大正2年）10月上樑，1916年（日大正5年）落成完工搬遷啟用。落成之初，此棟建築兩翼較短，後來才陸續增建。此建築為總督府技師森山松之助之作品，二次世界大戰之時曾遭受盟軍轟炸，嚴重損毀，戰後曾歷數次整修，曾作為空軍供應司令部及臺南市政府之用。就建築史而言，此建築是臺灣當時幾個廳舍中之代表作之一，為建築師森山松之助之作，其他同類之建築尚有臺北廳舍（今監察院）及臺中廳舍（今臺中市政府）。

1920年（日大正9年）臺灣行政架構調整，臺南廢廳置州，臺南廳舍改稱「臺南州廳」。戰後，此建築歷經不同單位使用，1998年（民國87年）由臺南市與國立文化資產保存研究中心籌備處簽訂合約將此建築及基地無償提供國立文化資產保存研究中心使用後，經五年的工程，於2003年（民國92年）正式完

圖 8. 原大正綠園位置圖

圖 9. 原大正綠園最初風貌（照片上方為臺南博物館）

圖 10. 原臺南州廳舊貌

圖 11. 原臺南合同廳舍舊貌

工啟用，作為國立臺灣文學館及文化部文化資產局保存研究中心兩個單位之館舍。

就建築式樣而言，臺南州廳應屬馬薩風格，原來厚重的雙坡式馬薩屋頂於戰爭時被炸毀，目前已修復。整棟建築之造型構成分為三段，紅磚與洗石子並用，再加上許多古典建築元素，頗富變化。正面兩側為衛塔，形成正面構成兩端之收頭，亦頗為特別。在再利用的過程中，基本上臨圓環原臺南州廳英文 V 字型量體部份大致保留，但後面原有一些附屬性增建則拆除。原有中庭則轉換為多功能大廳，南側則以現代建築手法增建了一些新設施，以一種比較積極、比較活潑，新舊建築辯證共存的風貌呈現，形塑了臺南市的新歷史性地標。

相對於臺南州廳的古典表現，日治時期之臺南合同廳舍，則是 1930 年代臺灣最摩登的建築。其是當時消防詰所，警察會館及錦町警察官吏派出所之所在地。建築物為臺南州土木課營繕係所設計，中央高塔興建較早，原為「御大典紀念塔」，為慶祝昭和天皇登基所建，塔邊有紀念消防隊有功者住吉秀松而設之雕像，可謂是當時臺南市區中最高之建築之一，1937 年（日昭和 12 年）開始增建成為今貌，翌年落成。臺南合同廳舍綠園邊，建築實際上並不對稱，空間上不同單位有獨立之入口及領域，消防隊由中央塔入內，錦町派出所由圓環轉角入內，而警察會館則由面向圓環之面入內，建築內部有中庭一座，衛生服務設施多居中庭之後。造型上，臺南合同廳舍中央高塔為最主要之元素，頂部有出簷，上為瞭望臺，其餘部份也都強調簡潔，是臺灣建築史上最早追求現代性表現的案例。

日治時期，臺南市最重要的這個放射圓環，原是政治核心，充滿了政治氛圍，可是今天卻已改變，圓環內的日本雕像早已由孫文銅像，臺南州廳已再利用為國立臺灣文學館，原臺南側候所已再利用為氣象博物館，臺南美術館也將設立於原臺南警察署之位置。另一方面，此圓環一直是照相館、婚紗館最密集區，賣鞋子特別多之處。如果圓環本身可以有更積極的作為及創意的設計，不但可以吸引人潮提昇周圍的商業及文化活動，更有機會可以創造一處新的城市亮點，每年年底在此樹立聖誕樹就可吸引一波波人潮就是最好的證明。

商業大街

由臺南州廳往西延伸到現在忠義路中正路口，即可銜接到日治時期的末廣町，這裡也是臺南人心目中的「銀座」。臺南市在歷經市區改正與臺南運河開通之後，由當時的臺南驛經明治公園、大正町（今中山路）、大正綠園（湯德章紀念公園）、末廣町（今中正路）到運河口間路段之重要性逐漸增加。1927 年（日昭和 2 年），當時有志於末廣町經營事業之商家，組織了一個店舖住宅速成會，決定在末廣町南北兩側興建連續的店舖住宅。1931 年（日昭和 6 年）1 月，工程由日人地方技師梅澤捨次郎開始設計。1932 年（日昭和 7 年），末廣町店舖住宅落成，是為臺南市第一條經過整體規劃設計之市街，繁華熱鬧之景依稀可以想像。由於商業興盛，亦使本區有「銀座」之名。此建築在日治末，

曾遭受盟軍炮火猛烈轟擊，嚴重受損，原位轉角之林百貨曾作製鹽總廠、空軍單位及警察派出所等用途，日前已修復完成委外經營。

在造型式樣上，末廣町店鋪住宅建築採用1930年代甚為流行的藝術裝飾（Art Deco）風格。基本上以鋼筋或鋼骨混凝土造，正面最少三樓，最多六樓。其中最大的商店為林百貨（林商店），是臺南當時最大之百貨公司，一樓至四樓皆為賣場，四樓之部份空間與五樓為餐廳，六樓為機械室及瞭望室。建築除中央高六層樓（雖其一向被稱為五層樓）以外，其他沿街面基本上只有三層樓高，中央處則順應都市計劃而截角，女兒牆部份呈現出一種漸次下降之手法，頂部為飾帶環繞全棟建築。斜角部份，開有不同形式之窗戶，兩側二至五層採圓洞處理，六層則為方形開口。騎樓柱子之柱頭仍帶有紋樣之裝飾，但已不是標準的西方古典柱式，室內之支柱則明顯有藝術裝飾風格。電梯之設置在當時的南臺灣屬創舉。屋頂部份，當時曾作花園之用，今尚有部份遺跡，推測是小神社之類之元素。由於是一體設計，所以沿街之其他商店也多以林商店作為模仿之原型再加以變化，形成一整體性強卻亦具個別性格之現代過渡式樣，可以說是當時臺南市最前瞻之商業建築群，而林商店更可與同年由古川長市設計完成之臺北菊元百貨店相互比美，一南一北成為臺灣現代百貨之先驅。

此條道路往西過了現今西門路後，緊鄰西門路的金飾銀樓商區及西門市場及沙卡里巴、國華街與康樂街到合作大樓為止，商業形態則有庶民化的傾向。一直到臺南是於1990年代出現大型百貨公司之前，末廣町一直是臺南市精品及舶來品最重要的商業大街，一直延伸到道路西端的運河盲段。1980年代運河盲段被填平興建中國城後，此條曾經繁華一時的大道終於沒落。不過在大街上仍有一些精品店，街廓內部也還留存不少小型的傳統商家。目前林百貨已修復完成委外經營，而中正路沿街則大致維持商業行為。這一條商業大道，在林百貨重新出發、西門市場再造及合作大樓周邊重新開發後，將有機會再現生機。畢竟長久以來，這裡不但有精品，所有連鎖商店也都有，還有老字號（鐘錶、眼鏡）商店，老店、傳統行業，繡花鞋、擔仔面，充滿經濟潛力與多樣性，過去被稱

圖 12. 末廣町臺南銀座位置圖

圖 13. 原林百貨舊貌

為銀座大道，也一直是一條精品創意大道！

端景碼頭

中正路底原為臺南船溜，過去也常被市民稱為運河盲段。這個碼頭過去曾是臺南市最有趣的地方，在市區可以直接看到夕陽之處，過去由這裡可以坐船到安平，有水都之風景、也是重要都市節點。可惜蓋了中國城，不但阻斷了城市端景，也丟棄了水道作為城市另類交通要道的可能性與趣味性。因此，不但碼頭附近沒落了，也影響到前述中正路的商業行為，更影響到整個臺南市區的發展。如今，運河星鑽計畫與中國城的拆除都有可能實現，如果計畫縝密且有創意，水有機會回來，周邊也正在改變。事實上，已有看到此處潛力，高級住宅及新的商業空間也在等待復出的機會，加上周邊部份與漁業相關行業還在（如賣魚網、漁會），這個城市端景仍有很多機會可以扮演更積極的角色。

小結

任何一個城市想要創造出具有歷史文化氣息的創意亮點，都必須具備有「摩登的硬體」與「歷史的軟體」兩項基本要件。從臺南驛到臺南船溜這條軸線上及其兩個街廓內，包含了在興建時，是臺南市，甚至是臺灣最摩登的建築與設施，也包含了臺南市重要的老街、古蹟、博物館、文教設施。比臺南市任何其他地區或街道更具有文創大道的可能性。而從車站、州廳、碼頭，車站走到運河端，以步行而言約 45 分鐘，是非常適合走路的路徑。如果站前圓環可以

改造，林蔭大道可以恢復種植更多鳳凰花，臺南醫院若遷移成為年輕人聚集的地區，中正路可以恢復商機，運河可以更為親水，這條百年摩登大道將會重新成為臺南市區的瑰寶。

圖 14. 臺南船溜位置圖

圖 15. 昔日臺南船溜停船景像

參考書目

臺南市文化資產保護協會，2007，《昨日府城 明星臺南 — 發現日治下的臺南》。臺南：臺南市文化資產保護協會。

周菊香，1993，《府城今昔》。臺南：臺南市政府。

傅朝卿，2009，《臺南市－文化遺產歷史名城》。臺南：臺灣建築與文化資產出版社。

傅朝卿，2009，《圖說臺灣建築文化遺產－日治時期篇》。臺南：臺灣建築與文化資產出版社。

傅朝卿，2009，〈談街屋、歷史中心與聚落保存與維護〉《臺灣歷史文化場域新體驗》。臺中：行政院文化建設委員會文化資產總管理處籌備處。

創意。城市。品牌。未來

圖 / 文
姚仁祿 / 大小創意齋 創意長

我們的目標，是要透過行動論壇，匯集腦力，思考臺南文創大道的種種面向。我希望，從創意、城市、品牌、未來四個面向，綜合來談。

文化與創意

我們都知道，再過 10 年，臺南就已經建城 400 年，因此，市府，希望藉由「創意大道，重新打造一個充滿活力的歷史文化名城，成為具有活力的生命體」。

這樣的願景，淺顯的說，應該是：
臺南的文創大道，核心目的，是「以零污染的腦力產業，結合心力產業，提升臺南的城市經濟實力」。

這樣的願景，其終極目標，應該是：
（1）以精緻化，促成文化演進；
（2）以全面化，促進產業創意；
（3）以零污染，進化永續經濟。

我認為，在實踐這個願景的過程，政府與民間，應該分別承擔不同的角色責任；政府，應該負責去肥沃城市的創意土壤；民間，應該負責勤懇的耕耘城市的創意。這兩個角色，缺一不可，更不能倒置。

在座各位，也都知道，「文化」與「創意」是城市經濟力量的「發動機」；文化與創意應該分開來看，將「文化創意」稱為產業，有點狹隘，好像創意產業，只能從文化啟動；其實，「創意產業」，就是，以「創意」為核心競爭力的產業，從學校、醫院、甚至小豆腐攤等，都可以是「創意產業」。

CCI（Culture and Creative Industry，文化與創意產業）佔歐盟 GDP 的百分之 2.6，幾乎等同於瑞士觀光業，在瑞士 GDP 的佔比。

城市品牌

如何發展城市品牌呢？

如果，我們同意，「文化」與「創意」是城市經濟力量的「發動機」，那麼這個發動機的燃料，就是城市品牌；換言之，沒有好的品牌價值的城市，是發動不了經濟引擎的。

那麼，品牌，到底是什麼意思？

許多人誤會，品牌，就是自己說自己有多好，其實，那叫「行銷」；另有人誤解，品牌，就是不斷的宣傳，自己，其實，那叫「廣告」；也有人誤解，品牌，是請人說你有多好，其實，那叫「公關」；真正的好品牌，是顧客對你說，我覺得你真好，那才是「品牌」。

換言之，品牌，自己說了，不算；品牌是別人眼中的你。

如果，臺南說，自己會超越京都，我想，這樣的宣傳，做得再多，也不會變成臺

南的品牌。因為，京都的品牌實力與品牌知名度、指名度都在世界首屈一指，臺南要塑造城市品牌，可以以京都為典範，但是，不應該說自己會超越京都，因為，除了說給自己高興，你的客人，是不會相信的。

京都，在西元 794 年建都，有許多保存良好，超過千年的庭園、建築，我們怎麼相比？真的要比歷史，臺南與紐約是一樣的；西元 1624 年，荷蘭人同時登陸紐約（Albany）與臺南（熱蘭遮），此後兩個城市的發展也完全不同，真要品牌識別，也不能相提並論。

所以，臺南，要建立城市品牌，到底要如何定位呢？

我的建議，是讓臺南的居民與訪客，愛上臺南！為什麼要讓居民與遊客愛上臺南？因為，品牌建構，有兩個構面：

其一、讓人尊敬你；
其二、讓人愛上你。

但是，要讓人愛上，先要讓人注意，再讓人好奇，再讓人愛上。怎麼做到？其實只能先讓自己的居民，愛上臺南。因為，攤開世界地圖，許多城市，你看了地圖，是沒有感覺的，為什麼？因為與您無關，但是，如果，您住過，或者去過，除非您對他的印象很差，否則，地圖上那一點，都會替您帶來「記憶」，帶來「想像」，換言之，都是帶來「感情」。

記憶，是過去的情感；想像，是未來的情感；城市，真正的希望，在未來，因此，建構城市品牌，不要將遊客或居民的感情，建構在過去的情感上。

不要古老，要浪漫

所以，臺南的城市品牌，要以「想像」為磚塊，堆疊人們對臺南的未來感情。

經濟實力，來自人們對臺南未來的信心，所以，建構臺南的城市品牌，促進臺南的城市經濟力，最好的方法，就是讓人們對臺南的未來，有感情，有想像，然後以「文創大道」為基礎，逐步堆疊想像，堆疊對臺南未來的情感，而不是不斷回顧過去，因為，再回憶再怎麼久遠，也只有四百年。

依據這個邏輯，我們要人們想像什麼？我有三個建議：

（1）讓住在臺南的人，希望繼續住下去，不想搬到另外的城市…這是一種期待，一種感情；
（2）讓來過的遊客，希望找時間，繼續再來…這也是一種期待，一種感情；
（3）讓沒來過的人，想來看看…這更是難得的期待，難得的感情。

例如什麼呢？

去過迪士尼的人，大概都想有機會再來；沒去過的，都想有機會要去；我這麼說，不是建議市府投資迪士尼樂園，而是建議市府，讓臺南居民與遊客，都認為臺南不只是個古都，而且是個值得期待的「浪漫城市」。

如果，我們看得夠仔細，就知道，京都的品牌，不在「古老」而是消費者心中的「浪漫」！在京都的哲學之道，種上大量櫻花之前，京都的古老，只能吸引懷舊的情感，當哲學之道的商家，自主的協商，沿著水道，種上櫻花，以「哲學」為名，京都的城市品牌，在全球消費者眼中，變成「浪漫」。而，浪漫，正是人們內心期待的美好體驗，也是CCI（文化與創意產業）最大的商機。

如果，各位市府主管，的願景，是讓臺南的文創大道，「以零污染的腦力產業，結合心力產業，提升臺南的城市經濟實力」，那麼，臺南的城市品牌，就不要建立在「懷念古老」而是建立在「體驗浪漫」。

想像，臺南居民，可以走在有許多夜間照明優雅（不是幽暗或死亮）的浪漫巷道……

想像，臺南青年，遊客情侶，夏夜，可以走在整排鳳凰花開的浪漫河濱……

想像，臺南銀髮，可以在小巷街邊雅座，休憩看人，看著街邊窗口一簇簇，探頭的小花，看著爬滿牆面的綠意……

想像，臺南小街，花團錦簇，走在路上，讓色彩，喚醒浪漫……

想像，臺南路標，不是死板的指標，而是浪漫的引路……

想像，臺南的老街，不是居民心中的破舊，而是得意的浪漫……

想像，臺南的居民，以城市浪漫，為心中的自慢……

想像，臺南的街燈，不是死板的照明，而是充滿想像的徹夜浪漫……

建議各位市府主管，從小處著手，讓臺南居民，不必再等，每半年，都可以驚異的發現，他們居住的都市，正讓古老一點一點的甦醒，伸展著浪漫的懶腰。

個案操作 03
臺南文創大道亮點區域工作坊

一、模式建構

從「設計思考」到「臺南文創大道 101 提案卡」

不論是創意組織或者公共論壇，「設計思考」似乎都有很高的潛力作為集體探索的操作工具。

「設計思考」強調的圖像思考（Graphic Thinking）、從做中學（Learning by Doing）與共同合作（Team Work），是突破目前過度僵化的制式思考，同時增進跨領域集體創作相當有利的方法。

從個案操作 01 到個案操作 03 的施行過程中，我們發現設計思考確實在跨局、跨階層與集體刺激想像方面發揮了很大的功效。

這項工具可以擴大應用到不同大小規模的方案與組織運作，適時帶動跨部門與單位的合作，破除成見、釋放想像力達到集體探索的目的。

「臺南文創大道 101 提案卡」

以原有四局的 21 項城市建設計畫為基礎，透過以「設計思考」為方法的多次論壇與工作坊，延伸發展出「臺南文創大道 101 提案卡」。

這套提案卡主要分為三個類別，如下頁所示，第一個類別是「城市歷史與現況圖譜」，第二個是「城市行動提案」，第三個是「組織與系統」，最後也預留了一些空白卡片提供後續提案補充使用，總計 101 張卡片。

「101 提案卡」作為一個開放成長的系統

「101 提案卡」可視為臺南文創大道在日後建構過程中，涉及的軟體、硬體與組織體的總合系統。

在將來許多不可預期的政治、經濟，與社會層面的影響下，「101 提案卡」必須是一個開放成長的系統，部分提案可能需要修改或刪除，甚至需要增加一些新提案，使這套系統更契合民意與接近真實。在卡片的格式設計上利用色彩、圖案、符號為卡片與卡片之間建立了關聯性，容許未來提案的更動過程中，仍然維持一個整體的系統關係。將來這套卡片也可做為工作坊討論的基礎以及設計思考的遊戲單使用。

提案取得

非專家優先

經驗與知識的釋出

集體共創

系統化製作

使用與再深化

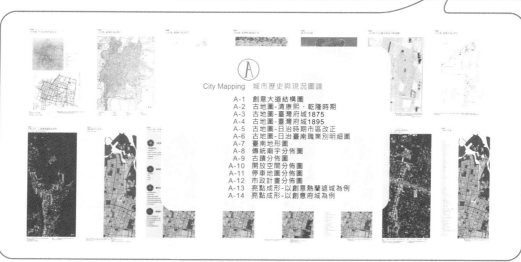

City Mapping　城市歷史與現況圖譜

A-1　創意大道結構圖
A-2　古地圖-清康熙、乾隆時期
A-3　古地圖-臺灣府城1875
A-4　古地圖-臺灣府城1895
A-5　古地圖-日治時期市區改正
A-6　古地圖-日治臺南職業別明細圖
A-7　臺南地形圖
A-8　傳統廟宇分佈圖
A-9　古蹟分佈圖
A-10　開放空間分佈圖
A-11　停車地圖分佈圖
A-12　市政計畫分佈圖
A-13　亮點成形-以創意熱蘭遮城為例
A-14　亮點成形-以創意府城為例

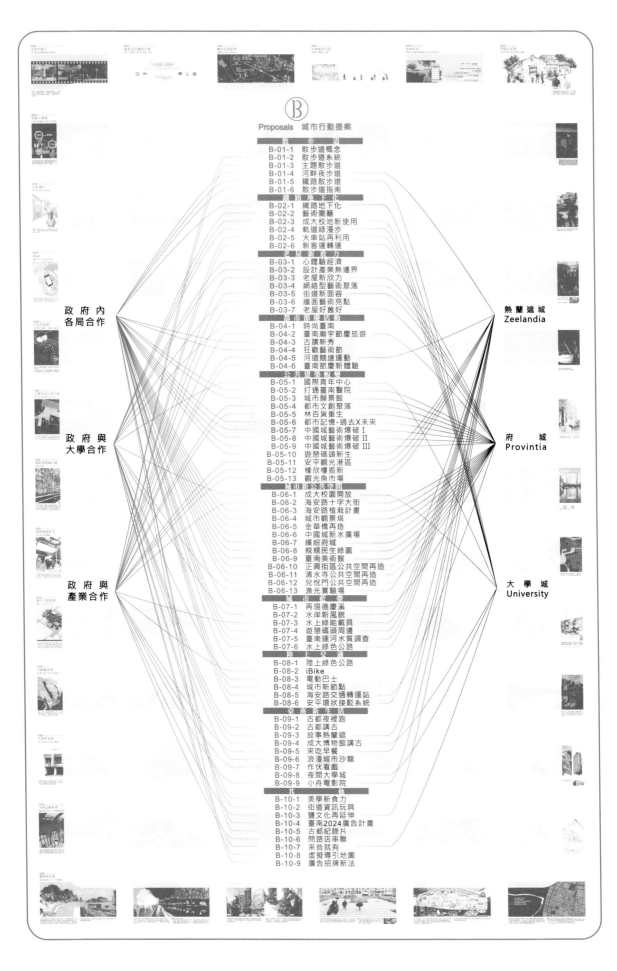

Ⓑ

Proposals 城市行動提案

散　步　道
B-01-1　散步道概念
B-01-2　散步道系統
B-01-3　主題散步道
B-01-4　河畔夜步道
B-01-5　鐵路散步道
B-01-6　散步道指南

黃色 地下化
B-02-1　鐵路地下化
B-02-2　藝術圍籬
B-02-3　成大校地新使用
B-02-4　軌道綠漫步
B-02-5　火車站再利用
B-02-6　新客運轉運

學　習 行　旅　力
B-03-1　心體驗經濟
B-03-2　設計產業無邊界
B-03-3　老屋新欣力
B-03-4　網絡型藝術聚落
B-03-5　街道新面容
B-03-6　牆面藝術亮點
B-03-7　老屋好舊好

都 市 節 慶 活 動
B-04-1　時尚臺南
B-04-2　臺南廟宇節慶旅遊
B-04-3　古蹟新秀
B-04-4　狂歡藝術節
B-04-5　河道競速運動
B-04-6　臺南節慶新體驗

公 共 建 築 改 造
B-05-1　國際青年中心
B-05-2　打通臺南醫院
B-05-3　城市願景館
B-05-4　都市文創聚落
B-05-5　林百貨重生
B-05-6　都市記憶-過去X未來
B-05-7　中國城藝術爆破 I
B-05-8　中國城藝術爆破 II
B-05-9　中國城藝術爆破 III
B-05-10　遊憩碼頭新生
B-05-11　安平觀光港區
B-05-12　橡膠樓振新
B-05-13　觀光魚市場

城 市 新 公 共 空 間
B-06-1　成大校園開放
B-06-2　海安路十字大街
B-06-3　海安路植栽計畫
B-06-4　城市觀景塔
B-06-5　金華橋再造
B-06-6　中國城新水廣場
B-06-7　繽紛府城
B-06-8　親親民生綠園
B-06-9　臺南美術館
B-06-10　正興街區公共空間再造
B-06-11　清水寺公共空間再造
B-06-12　兌悅門公共空間再造
B-06-13　漁光實驗場

城 市 藍 帶
B-07-1　再現德慶溪
B-07-2　水岸新風貌
B-07-3　水上綠能載具
B-07-4　遊憩碼頭周邊
B-07-5　臺南運河水質調查
B-07-6　水上綠色公路

陸 上 交 通
B-08-1　陸上綠色公路
B-08-2　iBike
B-08-3　電動巴士
B-08-4　城市新節點
B-08-5　海安路交通轉運站
B-08-6　安平環狀接駁系統

臺 南 新 生 活
B-09-1　古都夜裡跑
B-09-2　古都講古
B-09-3　故事熱蘭遮
B-09-4　成大博物館講古
B-09-5　來吃早餐
B-09-6　浪漫城市沙龍
B-09-7　作伙看戲
B-09-8　夜間大學城
B-09-9　小舟電影院

社　 行　 銷
B-10-1　美學新食力
B-10-2　街道資訊玩具
B-10-3　鹽文化再延伸
B-10-4　臺南2024廣告計畫
B-10-5　古都紀錄片
B-10-6　問路店串聯
B-10-7　來告就有
B-10-8　虛擬導引地圖
B-10-9　廣告招牌新法

政 府 內
各局合作

政 府 與
大學合作

政 府 與
產業合作

熱 蘭 遮 城
Zeelandia

府　　城
Provintia

大 學 城
University

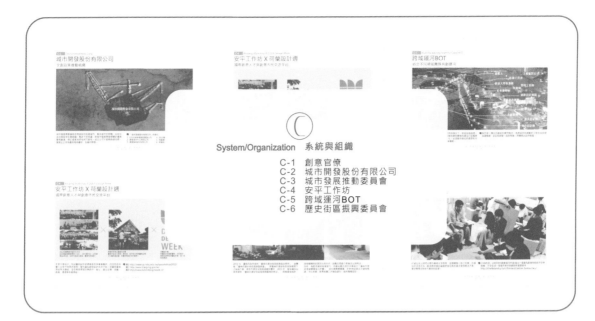

System/Organization 系統與組織

C-1 創意官僚
C-2 城市開發股份有限公司
C-3 城市發展推動委員會
C-4 安平工作坊
C-5 跨域運河BOT
C-6 歷史街區振興委員會

二、工作坊主軸及流程

個案操作 03 的主軸在於盤點並整合各局處計畫,因此工作坊一開始先以各局為單位分組討論並且進行發表,隨後依議題區位及性質進行分類,並且用便利貼標示於發生區位上,藉此視覺化討論成果形成共創之平臺。

在上述階段成果的基礎上,工作坊成員們表達各自的想法與立場,並且選擇文創大道上的亮點議題。最後由規劃團隊整合各局處與專家群意見。

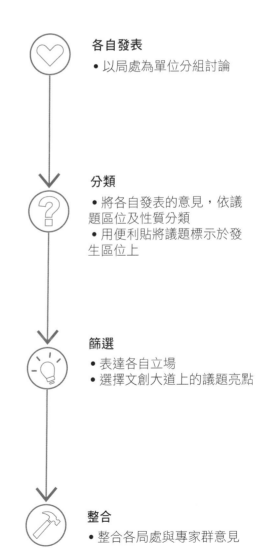

各自發表
• 以局處為單位分組討論

分類
• 將各自發表的意見,依議題區位及性質分類
• 用便利貼將議題標示於發生區位上

篩選
• 表達各自立場
• 選擇文創大道上的議題亮點

♡ 同理心
? 問題定義
💡 創意發想
🔨 原型製作
▷ 測試

整合
• 整合各局處與專家群意見

三、場域選定

論壇概述

本次論壇不同於前兩場，特別邀請民眾共同參與。

論壇當天除了延續既有的成果展覽之外，更製作了 5 分鐘的紀錄短片，讓與會人員透過短片了解論壇的過程與核心價值。

由於本系列論壇為跨局處合作的創新模式，討論議題是經過多次工作坊及前兩場論壇所產生，因此，臺南市政府行政團隊相當重視這次論壇機會，且賴清德市長亦蒞臨參與討論。

論壇場域

個案操作 03 選定空間段帶「民生綠園至運河盲段」中的重要歷史場域「國立臺灣文學館」作為論壇舉辦之地點。

國立臺灣文學館

國立臺灣文學館是文化部所屬機關，也是臺灣首座國家級文學館，主要蒐集、整理、典藏與研究臺灣近代文學史料。館址位於臺南市中西區的國定古蹟原臺南州廳，另外尚有文化部文化資產局文化資產保存研究中心在此辦公。(資料來源：https://goo.gl/X2izgr)

450 cm
24°C

PROPOSAL

190 cm

180 cm

工作坊
活動紀錄

設計思考
導入政策擬定

提供簡單餐飲

論壇簽到處

預留作為簽到
與社交之空間

臺南創意水大道

歷史文化

成功大學建築學系
傅朝卿 特聘教授

都市再生
- 都市改變與轉變的觸媒

空間規劃

AECOM
李立人 副總裁

文化創意產業
- 新資本的誕生

經營管理

法藍瓷股份有限公司
陳立恆 總裁

個案操作03論壇與會人員及議題

產業　產業　學術　政府

議題 /
一、藝術新十字大街→中正路與海安路
二、城市大破大立爆破中國城與左岸星鑽

沈芷蓀建築師事務所
沈芷蓀 建築師

星期三文創股份有限公司
謝屏翰 導演

實踐大學建築設計系
林盛豐 副教授

臺南市文化局
葉澤山 局長

四、論壇

論壇探討主題

個案操作 03 論壇的探討主題為：

一、藝術新十字大街 → 中正路與海安路

1. 歷史街面再造
復原與設計規範
2. 公共空間形塑
海安路與中正路 → 鋪面、植栽、燈具、露天設施設計規範、海安路綠帶與廣場規劃
3. 十字大街路口規劃
海安路與中正路接點整合與整理

二、城市大破大立爆破中國城與左岸星鑽

1. 爆破中國城
爆破前、爆破、爆破後、城市級策略、市民參與
2. 左岸星鑽公共空間形塑
原盲段特色廣場，臨岸親水設施
3. 日落大道端點設計
星鑽計畫 - Urban Landmark、Urban Gate、Urban Tower

針對本次議題邀請 3 位主講人：

• 成功大學建築學系
傅朝卿特聘教授
• AECOM
李立人副總裁
• 法藍瓷股份有限公司
陳立恆總裁

各自講述「臺南創意水大道」、「都市再生 - 都市改變與轉變的觸媒」與「文化創意產業 - 新資本的誕生」等主題，並於演講結束後進行座談。

座談的部分以前述演講為基礎展開，邀請相關產業界及學術界與談人參與討論：

• 實踐大學建築設計系
林盛豐副教授
• 沈芷蓀建築師事務所
沈芷蓀建築師
• 星期三文創股份有限公司
謝屏翰導演

五、論壇演講節錄

臺南創意水大道

圖／文

傅朝卿／國立成功大學 建築學系 特聘教授

前言

自古以來，人類文明總是與河流有著密切的關係，大部份的人類聚落也都依水而建。一方面是因為水提供了自然生態最佳的泉源，漁蝦樹木植栽的成長繁殖都少不了水，另一方面在還沒有動力的社會裡，水運是人類無可避免的選擇。河流是自然形成的水道，有其源頭。運河與圳溝則是人造的水道，二者均可能流經都市成為都市水道。

一開始，這些水道的機能是以水運交通為主，有些則帶有水利灌溉或排水之用。不過，在現今的都市中，多數自然河道兩岸護堤也大都經過美化處理，形同人工水道。由於都市的發展，許多都市中的水道也開始出現較多樣的機能，同時兼負起休閒開放空間的特質，甚至發展觀光，形成都市特色。在臺南市，從昔日的臺南船溜（今中國城址）到安平港，是一條非常重要的水道，她可東接中正路，中山路，越過火車站，直抵國立成功大學，西接安平港國家歷史風景區，形成臺南構思中臺南文創大道的水世界。

臺南運河

談到都市水道，老一輩的府城人一定馬上會想到從中正路底一直延伸到安平的臺南運河，昔日自中正路底搭船到安平的情景恐怕不是現今的年青人所可以想像的。

事實上，除了做為水運之機能外，臺南運河在府城原有的都市脈絡中有其特殊的地位。基本上日治時期日本人於臺灣所實施之市區改正想塑造的是一種巴洛克風格的都市形態，以節點與軸線來連接整個市區的空間脈絡，臺南市在新的市區改正中，火車站前出現了一個正式的圓環（明治綠園），為東緣的端景，中山路（即大正町）往西延伸為另一個重要的圓環（今湯德章紀念公園，昔稱民生綠園，日治時期為大正綠園）；1926 年（日大正 15 年），臺南運河竣工，臺南運河口（臺南船溜）成為橫貫市中心東西大軸線西緣端景。

一直到運河口（盲段）被填土興建中國城之前，中正路底的運河可以說是臺南市最具特色的都市開放空間，整個都市因為此開口而舒暢，而水空間所帶來的活動與景觀，尤其是漁船靠岸時的忙碌，也使都市顯得更加活潑熱絡。

然而自從中國城興建之後，臺南市從火車站到運河口的都市命脈一端彷若被加以阻塞，都市西端的開敞性也隨之消失，運河口從開放空間轉而成為都市窒息點。另一方面，在漁業碼頭轉移至安平之後，運河也漸失其水運機能，再加上市府於運河之上興建了數座橋樑以連接五期重劃區與運河北岸，運河形成數段的水空間，無法一氣呵成，至為可惜。雖然目前每年的端午龍舟競賽仍於運河中段舉行，運河南岸也發展成河濱公

圖 1. 1980 年代初臺南運河風貌

園，但因堤岸設計缺乏親水設施，水質雖有改善，但仍不夠佳，能把運河當成休閒綠色開放空間的市民並不多。

現在，計劃中的運河星鑽計畫將有機會再現昔日臺南船溜的繁榮景象，而構思中的臺南文創大道將運河納入其中，透過更縝密的思考與都市設計，臺南運河這條將有機會再度呈現其多樣的風貌。

歷史之水

臺南市的發展與水密不可分，當年臺江內海的繁榮與周邊的建築如熱蘭遮城與普羅民遮城曾經是臺南市歷史上最璀璨的歲月。

1926 年（日大正 15 年）臺南運河竣工之際，運河兩旁還是滿佈水域。從一張1931 年安平港改良工事面圖中，我們便可看到當年運河是夾在兩旁漁塭中的一條水道。從 1970 年代起，運河兩旁的漁塭漸次被填平重劃，各種不同類型的

建築也陸續出現，連臺南市政府都搬到了運河南岸的五期重劃區，臺南船溜被填平興建了中國城，安平工業區也出現了，安平港更擴建。

在兩岸風貌不斷改變之下，唯獨運河沒有重大改變，見證了臺南市安平區的滄海桑田之變。事實上，談臺南市的歷史不能不談安平，談安平又不能不談臺南運河。近年隨著安平港國家歷史風景區的成立，安平觀光發展到高峰。臺南運河曾經輝煌過，也曾經沒落過。安平已

圖 2. 1931 年安平港改良工事面圖

圖 3. 臺南運河現況之一

圖 4. 臺南運河現況之二

經不是臺南市的邊陲，而是臺南市的亮點，臺南運河的角色也將重新被建構。

交通之水

有水必有船，否則將是一灘死水。臺南運河的開通一開始的主要功能乃是行船。從其開通至最後功能喪失，臺南運河上曾經出現過許多不同的船種。其中令許多市民懷念的就是俗稱「澎澎線」的公共渡船。這個名稱的來源乃是因為船舶馬達聲加上水聲。除了交通船之外，運河上也會出海巡與警察的勤務船與清除淤泥的工作船。當然，最常出現在運河的就是漁船與竹筏。漁船會定時出入運河，並將魚貨在魚市拍賣，鼎盛時期，臺南船溜（運河盲段）幾乎是天

天擠滿了漁船，是中正路底的一大景色。竹筏俗稱竹排仔，係以竹筒並排組合而成，是漁民機動的交通工具，可載貨亦可載人。臺南運河在兩岸陸地化並且建橋相通後，船舶失去其功能進而消失，目前除偶見竹筏外，其他船舶幾乎已不再存在。他日若成將橋樑改善至船舶可以重新航行，必可再現運河風華。在此之前，有關單位亦可考慮以數位3D方式，虛擬再現臺南運河行船之美，必可成為臺南一大盛景。

橋樑之水

有水若欲跨越，則必建橋。臺南運河在開通落成之時只有行船功能，因此不須建橋，但隨著兩岸水域的土地化，跨

圖 5. 昔日臺南運河停船景象之一

圖 6. 昔日臺南運河停船景象之二

過運河的橋於是出現，由東往西有臨安橋、望月橋、承天橋與安億橋。可惜的是過去興建的橋樑雖有人行道，主要的考量為車子的通行，再加上橋底與水面的距離過近，完全沒有考慮運河行船的可能性。近日完成的新臨安橋與金華橋雖然有企圖突破，但仍是以車行為主要設計出發點。

世界上有許多城市利用都市河上的橋樑成功的吸引世人眼光，日後應該透過重新設計或改造的方式，讓運河上的橋行人通行的功能增加，橋的高度更應考慮日後行船的可能性。再者，橋樑本身的結構與造型設計也應更具創意，使其本身就會是運河的亮點與賣點。

節慶之水

端午龍舟競渡，一直是臺南市非常重要的民俗活動，自清康熙年間就已存在，多在海邊舉行。乾隆年間，則於法華寺前水域進行。但臺南運河自開通以來，就成為民間習俗賽龍舟的主要場地。1926 年臺南運河開通後，就舉辦過一次，當時報紙還廣為報導。1930 年日本殖民政府舉辦「臺灣文化三百年」時，亦曾擴大舉辦。從此臺南運河與賽龍舟幾乎成為同義詞，想到臺南運河一定會想到端午賽龍舟。後來賽龍舟雖曾因翻船等事件停過幾次，但近年已經成為常態性的民俗活動，只是賽龍舟的本質與運河之美經常被其他演藝活動而偏離。將來應可思考如何善用運河，主動的延續過去既有的民俗節慶，甚至創造新的節慶，如臺南運河藝術雙年展等，再讓運河成為節慶之水。

故事之水

臺南運河自開通以來就故事不斷，如果再加上前後兩端的臺南船溜與安平港，那故事就更多了。這些故事，有些是虛構，有些是真實，但都替這條水道添加幾分傳說色彩。

像著名的臺語歌曲「安平追想曲」背後就存在著一段真真假假淒美的愛情傳說。「運河殉情記」則是一段真實故事改編的電影，當年還極為賣座。其實這類運河殉情故事不斷發生，不但地方出現了「運河沒加蓋」這種罵人去死的俗語，再加上 1962 年許多人為了目睹妓女賽龍舟而翻船致使二十餘人喪命運河的悲劇，也使運河的冤氣一直被流傳。當然，著名臺語電影「安平追想曲」與「回到安平港」也都離不開安平與臺南運河，只不過主題仍顯灰色。日後運河

圖 7. 目前臺南運河上的橋樑之一

圖 8. 目前臺南運河上的橋樑之二

應可以思考與電影或電視合作，更具創意性的發掘快樂主題，透過電影電視來行銷。

休閒之水

除了上述特質之外，從市民的角度來看，臺南運河還應該是休閒之水。對於許多年長的臺南市民而言，中正路底看夕陽是一種經驗，也是一種享受。

可惜這種休閒之趣在中國城興建之後就不曾存在。也因為運河水質不佳，時有異味，在運河兩岸從事休閒活動的人並不多。目前只有在安平港爭周圍才有較多屬於休閒特質的活動。事實上，都市裡的水道應該是市民休閒最佳去處之一。臺南運河若能重新思考它可以在都市休閒中所扮演的角色，加強兩岸的美化與親水環境，使更多人願意親近它，進而誘發出更多的休閒特質。當然，倘若臺南運河的水質可以大幅提昇，生態能夠更豐富，自然會成為一條吸引力強的休閒水道。

圖 9. 安平夕照曾是臺南最優美的風景之一

臺南運河水大道的願景

不管是自然的河川，或是人造的運河及圳溝，水道對於一個都市的重要性是遠遠超過一般的街道或是單純的河道。

從交通來說，可以行舟的臺南運河將可提供一種另類「行」的可能性，也可以成為出海出遊的起點甚至可能因而發展出城市的特色；從環境來說，臺南運河只要經過更有效的整治，有可能成為可以清涼見底的水域，成為都市綠帶的翡翠項鍊；從空間來說，臺南運河是最不易被任意佔用的開放空間，水域的倒影也可增加都市的空間感；從市民活動來說，臺南運河若能提供更多的親水空間，引導更多樣的活動，泛舟垂釣，河邊休憩均可能發生，加上兩岸可發展遊船或水上餐飲等活動，更可有親水空間之出現；從生態來說，臺南運河也可能成為水族及鳥類之天堂，為自然生態提供一個空間；從意象來說，成功的臺南運河將成為都市意象中的一部份。

臺南運河成為綠色命脈的契機，全在於我們是否願意去掌握。

事實上，不管是對於臺南運河或者是昔日臺南船溜（運河盲段）、安平港與安平港國家歷史風景區，過去曾經出現過不少具有創意的設計方案與計畫，2003年的「王城再現熱蘭城遺址發掘計畫」及 2006 年的「億載金城園區國際競圖」都十分具有創意且曾經引起國際的注意。

可惜的是這些計畫或方案，有的是因為經費因素，有的是因為歷史的包袱無法

具體落實或完成，殊為可惜。唯一完成的安平樹屋卻已成為臺南最夯的熱門景點，其吸引之一乃是創意設計手法。

因此，未來臺南運河若能以更有效更具創意的設計手法來加以改造，以更創意的態度來經營管理，費心整治與改變，將來有可能以創意水大道重現昔日風光。再加上安平港國家歷史風景區的各種古蹟與美食，必然是臺南市最重要的文化觀光吸引點。

對新世紀臺南文化創意大道的期待

一年來，臺南市的產官學經過多次的工作坊及行動論壇，聚焦一條軸線貫穿三個重要的地區（安平熱蘭遮城、府城及成功大學大學城）的文創大道，使臺南市在面對未來十年的都市發展時，有一條明確的努力方向。我們對新世紀臺南文化創意大道的期待，她應該是臺南市的歷史軸線，也是臺南市的經濟命脈。

在這條文創大道上，我們可以發掘臺南市從 1624 年到二十一世紀「歷史的深度」，幾乎是重要的文化資產都在大道或離大道兩個街廓之內，因而她是一條「時間之軸」。在這條文創大道上，我們可以發掘臺南市「文化的廣度」，從荷蘭城堡，經處處是古蹟與博物館的中西區，到科技大學城及城市中深厚的民間寺廟與教堂，更有豐富的民俗活動，因而她是一處「空間之面」。

在這條文創大道上，我們可以發掘臺南市「經濟的密度」，因為從臺南最有名的民間小吃到連鎖的知名大型百貨公司，從以仕女為主消費群的舶來品到以

青少年為主消費群的商家，都群聚在這條大道上，因而她是充滿活力的「生命之體」。在這條文創大道上，我們可以發掘臺南市「創意的強度」，從過去的林百貨轉型為文創百貨、與大道相垂直的海安路創意藝術大街以及臺南創意文化園區的成立，加上南方廣場新世代的創意發想都離不開這條大道，因此她也可以說是臺南市的「動力之源」。

擁有這條大道上及兩旁珍貴的資源，只要我們透過都市設計「串聯與整合」的策略與手法，再加上正確與有效率的城市治理，必然可以藉由一條創意大道，重新打造一個充滿活力的歷史文化名城生命體。

圖 10. 未來的臺南運河應該考量更多市民的休閒之需

參考書目

尺度工作群，1985，《安平建築》。臺南：尺度
　　工作室。

臺南市文化資產保護協會，2006，《長河落日圓
　　— 臺南運河八十週年特展圖錄》。臺南：
　　臺南市文化資產保護協會。

臺南市文化資產保護協會，2007，《昨日府城
　　明星臺南 — 發現日治下的臺南》。臺南：
　　臺南市文化資產保護協會。

江祖音，2008，〈黃金三角商圈－北門、中山及
　　民族路〉，《e 代府城臺南市刊》，2008 年
　　9 月號，頁 20-33。

李平、陳秀琍，1994，〈走過安平追想曲的悲與
　　喜〉，《鄉城生活雜誌》，1994 年 5 月號，
　　頁 3-19。

林朝成、鄭水萍（主修），1998，《安平區志》。
　　臺南：臺南市安平區公所。

黃莉雯，2008，〈水意象－安平歷史水景公園〉，
　　《e 代府城臺南市刊》，2008 年 9 月號，頁
　　56-59。

周菊香，1993，《府城今昔》。臺南：臺南市政府。

都市再生：都市改變與轉變的觸媒

圖 / 文
李立人 / AECOM 副總裁

都市更新或市區重建，源自 19 世紀中葉的英國，其主要的目的是為了改善人們居住的空間與衛生條件。到了 20 世紀尤其是在二次大戰結束後，成為政府刺激經濟成長的主要手段。都市更新的過程當然有利與弊，但是純粹空間形式的改變在實質上是無法滿足目前都市快速變遷與發展的需求。

在後工業時代，全球工廠與城市分工成為開發中國家城市發展的重要推動力，亞洲四小龍的崛起是完全得力於這個新的工業革命。隨著網絡通訊發達，製造業與服務業的改革，傳統上不具備自然資源或人才的國家或地區，也可藉由網路通訊智慧化的結果，結合創新與文化來提升其城市的競爭力。

而這一波的城市崛起或再生，都市改造便成為城市是否能提升其形象與競爭力的重要手段。此時我們談城市的改造，就必須結合城市未來發展的策略與定位，規劃出未來城市美好的願景。在這過程中，整體經濟產業的發展定位、環境的永續經營與健康宜居城市的打造便成為城市發展的指導方針。同時透過提升公共空間領域的品質，打造高水準的公共設施與建築，來提高城市的整體形象，進而有效的行銷城市。

在過去幾年，有幾個城市透過積極改造城市的公共空間，或藉由舉辦大型的活動與國際賽事的機會，提出一個明確的城市空間架構來整理城市肌理。如巴塞隆納與倫敦皆是透過舉辦奧運的機會，改變城市的特質與創造新的發展契機。

傳統的都市計劃的過程已無法滿足城市快速發展與變遷的需求，例如創意產業對於空間的需求就有別於傳統產業，產業結合外部空間與活動，完全改變了傳統規劃土地使用分區管制的概念。在製造業與服務業的界定空間越來越模糊的今日，我們已經很難用傳統的空間概念來界定活動。

所以為了因應現在或未來城市發展的需求，城市發展就必須要有一個非常清晰的發展架構，一個有彈性及有包容性的空間發展框架，作為城市活動的一個舞臺，讓活動可以產生、變化與持續。同時決定活動發生的主要節點、軸線或地區，作為引爆點來帶動地區的發展與繁榮。從檢討城市發展的現狀來尋求可發展的契機，從機會的製造與土地的可供給面出發，先從開放空間品質改造著手。在都市再生的操作過程，有一些原則是必須要把握，以確保都市再生的結果。

都市再生的 10 個原則

1. 賦予鮮明的城市空間架構
一個清楚而鮮明的都市發展空間架構可以提供城市發展一個明確的導引，同時也可確保與城市發展的願景不相衝突。以街道、街區、公園、廣場與水岸來創造生動的城市空間。過去一些成功案例包括波士頓的翡翠項鍊、巴黎的香榭麗

舍大道、紐約的中央公園等等都是利用公共空間成功地打造城市意象。而這些成功的開放空間其實都有方便的通達性與在空間上的自明性，所以易識別的外部開放空間對城市空間架構是非常重要的。

2. 規劃的靈活與彈性

隨著全球化與城市化的快速發展，市場的變化也瞬息萬變與複雜，傳統的規劃與通盤檢討已經無法應付城市發展所需，而規劃也必須因應因全球暖化及氣候變遷對環境所造成的影響。整體規劃在各個層面上必須保有可調適性。

3. 持續保有創意與創新

城市與其他生命體一樣都有其發展的生命週期，為了讓城市可永保活力，在其發展過程必須不斷的注入新的生命力與活動。因此規劃與開發的內容就必須考慮到活動的複合性，在土地開發的內容盡可能不要只有單一的用地性質，以避免活動或產業被淘汰或衰退。

4. 強調便捷的可達性

開放空間必須是可及性高同時在視覺上有連接性，強調人性尺度的空間，並且提供良好的人行動線。建立完整的自行車道系統以及推廣綠色交通運輸工具，可以創造一個安全、親和及包容的場所。

5. 鼓勵具活力的混合土地利用

傳統的土地分區管制已不能滿足目前的都市空間形態，傳統的產業分級，製造業與服務業的界限在今天的社會已經逐漸模糊，尤其是文創產業已經無法簡單由傳統產業的方式來分工。當然在活動或產業的引入時也應避免過度依賴特定的產業。土地的混合使用，不但可以提供土地利用的效率，同時也可提供城市在不同時段的活力，促進城市的魅力與吸引力。

6. 發揮歷史文化的價值

歷史與文化是無法複製的，而城市能夠突顯其與其它城市的差異或是自身的特質，往往是透過其本身歷史與文化的體現，藉由歷史文化以提供場所感，創造城市獨特的價值。當然，現在的城市開發往往要在環境歷史的保護與開發之間取得一個平衡，同時保護的環境與空間其實也是最好的文創產業活動空間。

7. 帶動城市周邊的發展

利用公共開放空間的規劃與設計，提高公共空間的品質，成為城市居民活動的場所，將公共空間與社區鄰裡結合來帶動地區的發展。對於老舊或衰退的地區，可以藉由這種手段為該地區引入新的活動，同時注入新生命，帶動經濟發展、提供區域的環境質量以改善治安，以此嘉惠所有的市民。

8. 要求長遠與整體的效益

再生的過程必須考慮社會經濟層面，以確保產業活動的引入，重視環境的永續發展。為了減低政府財政的負擔，同時確保執行過程的專業介入以及提升開發過程的效率，可以考慮建立公私部門合夥的合作關係（private and public partnership），以追求社會和經濟整體效益的最大化來創造價值。

9. 建立高品質的環境

提供市民對環境品質的要求與認知。一

個城市的意象往往是在其外部開放空間
的體現，同時也是外部環境創造城市個
性與特色的最佳手段。城市發展與自然
生態維持平衡，以確保都市生態環境的
永續健康，打造宜居健康的都市生活。
一個良好的生態環境所帶來的利益是可
以為全體市民所共用的。

10. 參與，啟發，清晰與透明的溝通
所有大型的城市開發或者改造工程都必
須與市民有良好的雙向溝通機制，確保
市民的意見可以被適當的反映，政府可
以利用與當地的組織機構策略結合，利
用各種不同的溝通管道和方式與市民溝
通，將更新的意圖完整的呈現給大眾，
一定要確保發展專案是可以滿足地方上
的需求，同時整個過程是公開而且是透
明的。

臺南文創大道的概念

臺南的城市發展從市中心沿著運河到安
平，以及從運河到民生綠園到火車站的
軸線，不但是臺南的歷史軸線，也是臺
南城市發展最重要的經濟活動軸。沿著
這條軸線可以發現很多不同時代留下的
歷史脈絡與層次，其間坐落了非常多的
歷史建物與遺跡，串聯了臺南文化、歷
史、經濟、政治的活動空間，是一條抽
象的歷史文化命脈，也是今天臺南城市
發展的一條重要主軸。

今日產業不斷的轉變與升級，城市的經
濟活動離不開產業活動與發展。對臺南
而言，在這創意產業興起的年代，如何
順勢而為，引導創意產業結合城市未來
的發展，便是一個城市改造與轉變過程

的一個重要的議題。利用文創大道的平
臺結合產業的導入，以創意及創新來打
造這條新世紀城市發展軸，將成為一條
創意文化大道。

這條文創大道包含了幾個主要的空間元
素；臺南火車站與站前的廣場、民生綠
園及其周邊的歷史建物區、連接民生綠
園與運河的民生路，以及連接到安平的
運河。這個軸線其實包含了廣場、綠軸、
與水道等主要的城市開放空間元素，而
這些開放空間元素也正是體現城市風貌
與特色的最佳場所。

底下幾個案例便是圍繞這幾個空間形態
來探討未來臺南文創大道的形成與改造
的可能性。

• 英國曼徹斯特城市中心改造

曼徹斯特的中心城區在 1996 年的一次
北愛爾蘭共和軍的爆炸事件中被嚴重
摧毀，市中心的火車站、主要的商場、
大部分的市政與商業設施皆被破壞，對
於原本已經籠罩經濟衰退的曼徹斯特，
無疑是雪上加霜，城市的意象被破壞殆
盡。曼徹斯特政府在災後，很快便開始
採取行動，組織了市中心開發計劃以及
市中心營運管理公司來主持未來這個市
中心的再造計劃。

這個行動的主要目的是希望以公私部門
合夥的架構來建立一個常態的正式管理
組織以推動市中心發展願景，同時也作
為監督提供市中心營運服務品質與績效
的主體；在都市再生的過程重新行銷曼
徹斯特市中心成為區域購物、休閒及投
資中心；同時鼓勵強化內部投資效益與

發展市中心的豐富性與多樣性；並建立
績效指標以監測市中心發展成效。

曼徹斯特在這次爆炸案之前，已經存在
很多城市內部問題，包括在二次大戰
後，經濟衰退，老舊建築品質欠佳，大
量遺棄的房屋，市中心老城區交通與道
路佔據主導地位。所以這次的改造同時
要解決的問題還包括：市中心區的安全
與運作、商業活動的復甦、中心區的再
生與再發展和新市中心的發展藍圖。這
次的改造，在規劃之初便提出市中心
未來發展的願景－重返"城市榮耀 City
Pride"，將曼徹斯特強化成為歐洲的區
域中心地位、打造吸引人才的都市環境
與生活、鞏固區域商業與零售中心、提

供投資機會與多樣化活動與保存豐富的
都市紋理與建築。

改造的發展策略包括如何恢復與強化商
業核心、刺激與多樣化經濟產業基礎、
發展整合的交通策略、創造 21 世紀的
中心城區、建設一個永續的生活城市以
及為曼徹斯特打造一個獨特與眾不同的
千禧年城區。透過中心城區的改造與開
放空間的塑造，成功的新建了 3 個城市
公園與廣場，徹底改變一般人對曼徹斯
特中心區的印象。商業與人潮重新回到
中心區，開始有了城市的活力，同時也
提升了曼徹斯特整個城市的競爭力。

曼徹斯特城中心區的改造值得我們借鑒

圖 1. 曼徹斯特市中心交易廣場（Exchange Square）

的地方包括：以公私合夥架構建立一常態正式的管理組織以推動市中心發展願景，同時也作為監督提供市中心營運服務品質與績效的主體，成功的行銷策略以及開放空間的設計，將曼徹斯特市中心打造成為區域購物、休閒及投資中心，提供獎勵政策鼓勵強化投資效益與發展市中心的豐富性與多樣性，建立一套績效指標以監測市中心區的發展成效。

• 天津海河河岸設計與河川整治工程

海河是天津的母親河，是天津的標誌與歷史文化的表徵，是天津市最重要的城市資源。自古以來，海河一直在天津的城市生活中扮演著重要的角色，海河兩岸還保存著舊日各國租界所遺留下來的建築風情。不過這段穿過城市中心的河岸，幾年前還是污染嚴重滿目瘡痍的景象。

這個設計案是為海河 20 公里長的城市長廊提供總體策略性規劃與環境總體規劃，以及對 5 公里長的城市核心區的河岸進行景觀詳細設計。在河岸規劃設計之初，對於海河流經市區的 20 公里水岸兩側進行了功能佈局與定位。在天津歷史與傳統文化的特質上，在規劃設計中反映與體現了過去與各國通商形成的

圖 2. 市中心的綠色空間皮卡迪利花園（Piccadilly Gardens）

特殊城市文化氛圍，充分的體現天津作為一個濱水城市的努力。配合未來的軌道交通規劃，結合現代城市設計的理念，強調以人為本的人性尺度，提供可及的水岸空間與充滿活力的城市活動，為天津市提供一個因應未來城市發展的美好願景。

從三岔河口到北安橋之間約 5 公里的水岸，是天津最好的文化歷史街區，在這個範圍設計了多個重要的城市開放空間與城市廣場。在水岸設計的方案中提出跨河橋樑的新建與改造，海河上的橋已經不單單是功能上的需求，而是城市風景的一部分，是天津城市的一個特色。每個開放空間都強調與周邊建築的關係，如文化廣場與其附近的古文化街相結合，來突顯其歷史文化的氛圍，利用景觀的元素與手法，提升城市的文化與歷史特質，同時將其發揚光大。

方案設計中也強調了人與水的關係。海河原有的河堤透過景觀處理，利用階梯與平臺，讓市民可以走近水邊，親近水岸，同時從事親水的活動。海河水質的改善同時也改變了原本城市背向海河的發展模式，提升的海河兩側居民的生活環境與開放空間的品質，也讓居民改變了生活的形態。配合軌道交通的建設，從地鐵站出來不到 700 公尺即可到達海河河邊。幾條商業街的規劃也強調與海河的關係，在活動上結合了商業與旅遊，來帶動城市經濟發展與繁榮。

整個海河的河岸設計，雖然仍然採取當地傳統的材料，手法與工藝，但是材質和建成效果洋溢著當代文化元素，在現代建設中更能體現歷史的風貌，富於變

圖 3. 整治後的海河與河岸景觀改造

圖 4. 海河夜景

圖 5. 草悟道與周邊的都市紋理

化的組合式設計傳遞著極簡主義的生命力和適應環境改變的精神。改造後的海河重新讓天津成為一個濱水城市，刺激水岸邊的城市更新與再發展。城市的風貌煥然一新，已成功地為天津打造一個國際城市的新意象。

• 臺中經國園道改造－草悟道

草悟道為原有臺中環城綠帶的一部分，位於新重劃區和老城區的交接處，成為這座城市一道中央綠軸，同時將這座城市的新舊兩個部分結合起來。北接國家自然科學博物館南至國立臺灣美術館，南北延伸約 3.6 公里，覆蓋約 6.5 公頃的開放空間。我們的設計將原有的經國園道轉變成一條文化與藝術的綠帶－草悟道，以反映城市豐富的文化內涵以及城市對永續發展的決心。在 2012 年完工後，已成為臺中市中心最吸引人的公共開放空間。

設計的三大原則

我們的設計原則主要體現在三個方面：

1. 強調永續發展的設計；2. 擴大對文化持續的影響；3. 以加強開放空間功能與文化品牌來帶動周邊的城市發展。

1. 強調永續發展的設計
在設計過程中，考慮的因素包括水及能源效率，再生／可持續材料以及碳排放。設法保留基地內的所有大樹，對原有綠色空間進行重新排列，利用土坡造景結合生態排水草溝，此外，增加地表的透水面積與提高徑流滲透，同時為市民和遊客提供更為寬敞、舒適的城市“綠肺”。規劃跨市區的單車道系統與綠色運具以連接市區的其他公共開放空間。

2. 擴大對文化持續的影響
景觀設計概念是來自中國書法的啟發，它通過空間形式詮釋書法的文化精髓，讓到訪者以新的視角體驗中國文化。草悟道結合一連串的開放空間為戶外展覽和演出提供場所，促進藝術社區和創意文化產業的發展。

這是一個有開創性的設計，其中，公共場所成功融合開放空間與傳統小尺度的

圖 6. 草悟道的都市戶外讀書平台

巷弄，創造一個充滿活力的城市環境，讓日常社交活動可以在此發生。

3. 以加強開放空間功能與文化品牌來帶動周邊的城市發展
通過增強開放空間的功能和文化品牌，草悟道成為帶動周邊土地升值的一個重要的城市建設，亦提供了鄰里居民和外來遊客活動的場所，同時它也對這個城市有更廣泛的影響。鄰近草悟道的社區與私有的建築物，如現有的飯店和零售商店也在改善它們的設施來匹配該項目創建的新形象。這也間接促成市民與社區的融合，使青年人和老年人，本地和外地，時尚和傳統結合在一起，帶來大量和多樣化的活動。

在 2012 年完工後，草悟道已經發展成為一個文化的樞紐，同時帶動了鄰近商業活動與城市發展，周邊的土地價值提升了 20％以上。這條草悟道體現了臺中

市提供其市民一個方便的城市活動環境的決心，透過藝術與文化成功地強化周邊的商業活動，提高都市生活的品質與保留基地原有的元素，並帶動文化創意產業的成長，同時也維持原有的地區的商業特質。

•深圳水貝珠寶產業園舊城改造

深圳的羅湖水貝從八九十年代開始，便開始有珠寶加工業進駐，也逐漸形成一定的規模，但是並無系統的管理。區內的廠房大都是 80 年代的建築，建物老舊且區域內道路狹窄，不適合珠寶行業大規模發展的需求。水貝珠寶產業園的改造，其實原本是羅湖區政府希望為這個街區打造一條高品質的人行徒步街，但是對於周邊道路已經無法承擔日益增加的交通量，將其主要幹道改成步行街其實對這個街區會造成許多負面的影響。因此這個街區的改造必須從不同角

圖 7. 水貝廣場上的景觀元素

度著手，對於這離市中心區不遠的老舊街區，其改造必須考慮其產業與經濟活動相結合。

在規劃之初，便對水貝未來發展定位與引入活動有了清楚的研究與建議，對其空間發展的形態與機會進行充分理解。在與羅湖區政府充分溝通之後，提出將水貝打造成深圳珠寶產業聚集基地的概念，打造水貝珠寶項鍊街區成為一個涵蓋珠寶研發、生產、展示、檢測、旅遊文化等完整功能的產業基地，引領深圳的珠寶設計與加工的升級，成為世界珠寶生產、加工與交易的重要基地。

確定了水貝項鍊街區珠寶產業集聚基地的功能後，羅湖區政府計畫斥資 1.48 億

元進行這一市政環境的打造，其所有區域改造活動都以珠寶相關產業的需求為主。為創造高品質的空間環境，設計方案提出了"水貝項鍊"的設計主題，結合原工業區的城市紋理，依據整個研究的定位，規劃商業零售中心、珠寶展覽中心、珠寶設計中心、社區中心、人行步道、廣場等活動節點，利用不同建築材質材料營造不同風格以突出區域印象，以珍珠項鍊的概念利用步行系統將這些活動節點與開放空間串聯起來。

整個水貝項鍊街區的改造得以順利進行，主要是羅湖區政府的支持與街區內的業主的配合。從最初的專案規劃開始，對於水貝項鍊環境的打造與其周邊建築物立面的改造，政府與物業的業主進行了多次的溝通，由政府貼補私人物業立面的改造，而大部分的業主也願意配合出資完成立面的改造。

這些公共空間不但改變了水貝街區也提升與改造了原來擁擠、雜亂的環境，同時珠寶相關產業的引入也給水貝帶來新的氣象。水貝項鍊街區成功地改變了一般市民對水貝的負面印象，成為改變其城市形象的一顆耀眼的明珠。

深圳水貝珠寶產業園區的改造案例，迫使我們必須以積極的態度看待老城區改造，提出一個完整的規劃框架與引入活動和產業的策略。方案具備可實施與可操作性，考慮可以分期分區的開發節奏。改造的過程由政府提供合理的財政補貼、稅務的優惠、開發的獎勵等政策，來鼓勵老市區的改造與再發展。

對於這樣的一個老城區改造，帶動了周

邊社區的經濟復甦與繁榮，生活與居住環境的提升。而政府得到的是城市環境持續經營與發展，以及整個城市綜合競爭力的提高。

臺南文創大道的思考

城市的發展需要有前瞻性的規劃，而一個前瞻性的規劃需結合城市發展願景與決心。

清楚的城市發展定位與方向，可以更有效率的配合環境變遷引領城市的演變與轉變。而引發城市轉變最有效的，其實是經由開放空間的打造，來提升城市環境的品質，利用它來帶動周邊城市發展，作為城市再發展的觸媒。一個成功的開放空間或完整的空間規劃，除了考慮實質空間，還必須有產業與永續環境來支撐。

當然對於這些新的提案為了減輕政府在財政上的負擔，以及引進專業的技術團隊，需鼓勵公私部門的合作，提出優惠的政策與創造吸引人的投資環境，以鼓勵產業的投入與進駐。改造與再發展的過程需確保現有的居民與商家的利益，以透明的決策過程與清晰的溝通過程創造共贏。

圖 8. 改造雜亂的停車場為都市開放空間

專案計畫壹、新世紀臺南文創大道行動論壇 反思與回饋

一、關鍵點

白鷺鷥文教基金會主辦的「蘆葦與劍研討會」（2008 年創辦），從邀請專家研析國家政策並發表論文，於 2013 年轉化為協助地方政府由下而上的形成與落實政策。

而這個轉化過程源於我在 2010 年接受臺南市賴清德市長邀請擔任臺南市顧問，有鑑於上述研討會累積的許多良善政策在會議後即束之高閣，很難落實，尤其地方政府更難實踐，因此誠心地想以自身的經驗為市政府推動符合在地性的相關政策。另外，考慮涉及層面極廣，需市政府各局處配合，因此，在實施前即多次和臺南市政府文化局，成大建築系傅朝卿特聘教授與劉舜仁教授等專家學者討論，確定可行性後才辦理本論壇。

（白鷺鷥文教基金會 董事長 陳郁秀）

「新世紀臺南文創大道行動論壇」的關鍵起點始於一群關懷臺灣發展的智庫。

在一場臺南市政府智庫會議中，成功大學建築學系傅朝卿特聘教授提出「文創大道」的論述，文建會主委陳郁秀女士認為臺灣產業的發展應從國土規劃著手才能真實落實產業發展，再加上成功大學建築學系劉舜仁教授提出應以行動方案代替以往的學術研討會，並希望透過真實計畫的盤點促成文創大道的實現。

最後由臺南市政府文化局葉澤山局長作為整體計畫的總策劃帶領文化局團隊協調市政府其他局處共同參與本計畫。而成功大學團隊也在劉舜仁教授的帶領下，透過設計思考的操作與滾動，將外部資源帶入計畫當中，成為府內外資源的整合，才能有效為計畫帶來顯著成果。

（C-Hub 成大創意基地 執行秘書 林珊）

二、具有突破性的事

臺南市政府從市長、相關局處主管到承辦人經多方的說明，大都能認同本計畫執行的方法和精神，且儘可能從繁忙業務中抽身參與工作坊。參與的局處，包含文化局、都市發展局、經濟發展局、觀光旅遊局、交通局，可謂是市府內部難得含非首長人員的跨局處討論會。

此外，工作坊進行分組討論時，參與人員不論官階大小大多能拋開主管業務範疇與身分高低的官僚文化，針對議題，提出自身的觀點與想法，有助於議題主政單位重新思考問題，並訂定可行、有效且整合各局處資源的解決方案，也建立爾後相關業務互相討論的基礎，稱為創意官僚。

（白鷺鷥文教基金會 董事長 陳郁秀）

此次新世紀臺南文創大道行動論壇以發

展臺南為文化創意首都作為方向，並以文創大道為主要規劃區域。以往在城市發展的區域規劃中，習慣以單一局處委託外部單位進行調查規劃，然而本次文創大道行動論壇，內容設定即是以跨局處參與之方式進行探討與規劃。

此種做法不同於以往當一局處進行規劃的方式，也因為採取此種做法，其中最具突破性的事即是透過設計思考的操作讓各局處之間計畫做充分的檢討與整合，也讓各局之間互相理解，並促使各局的人員以跨局處的做法重新思考計畫的執行。

(C-Hub 成大創意基地 執行秘書 林珊)

三、困難點

由於討論議題涵蓋臺南市政府多個單位，掌理決策的主管平日業務極為繁忙，無法全程參與討論與全面性的深刻思考、理解相關建議方案的意義。

成大精心設計的工作坊執行模式，屬一般公務人員較陌生且較少接觸的設計思考工作與討論形式，需在導師引導與助理的協助下，經一次以上的學習，方能順利的表達意見，而每次工作坊參與成員非固定，總有幾位較為生澀。此外，工作坊鼓勵創意發想，各個參與者就自身學養與經驗提出各種不同的觀點或論述，最終的釐清、歸納、彙整與再分類，需投入許多專業、人力與時間。

(白鷺鷥文教基金會 董事長 陳郁秀)

本計畫以現有計畫為基礎進行探討與發展，此為執行本計劃之困難點之一，由於政府的會計制度採年度預算，且在執行中的計畫也無法任意更改方向及內容。因此即使在討論過程中，與會人員均認為執行中的計畫有調整的必要性，卻還是得待下一年度執行時才能進行調整，無法及時做政策上的修正。

另一困難點即是各局有各局的文化與執行業務需求，在跨局處合作上即有本質性的困難需克服，且「依法行政」本是公務人員的天職，如何讓依法行政的市府人員具有創造力也是在計畫期望達到的成效。

(C-Hub 成大創意基地 執行秘書 林珊)

四、最具價值的地方

除第二點所述，建立了臺南市創意官僚體系外；成功大學全力支持本計畫的策劃與執行，除由規劃與設計學院文創育成與研發中心劉舜仁教授總其成外，建築系及創產所教授群以顧問、協同主持或分組導師的角色，提供許多專業知識並親身主持與參與工作坊與論壇，提升本計畫的在地知識性與學術地位，也展現成功大學發揮在地最高學府的領導角色，協助臺南市發展市政與建立臺南學的基礎。

此外，多次工作坊與論壇參與者分散式的觀點與意見，經成功大學專業的彙整，完成「臺南文創大道 101 提案卡」，分主政與協辦單位，供市府各局處日後執行分工與協調參據，有助於市府整合資源與局處間的合作。

（白鷺鷥文教基金會 董事長 陳郁秀）

在政府的科層體制中，執行業務即依上級長官指示，層層分工。本計畫試圖打破公部門的科層體制及局與局之間的藩籬，在計畫過程中，許多基層的公務人員都能適時表現，並與不同局處的上級長官對談，有助於縮短科層體制之間的距離，讓推動政策的高層與執行業務的基層能充分溝通交流。

另一有價值之處在於重新以跨局處的方式檢視執行中計畫，讓後續的計畫執行更趨於局處整合的方向，即使礙於年度計畫無法即時更動，但依然有助於未來計畫執行的整合。

（C-Hub 成大創意基地 執行秘書 林珊）

五、其他值得分享

計畫規劃與執行統籌者與相關人員的學養、知能、態度與協調、執行力，為本案成功的重要關鍵。

其中，以劉舜仁老師率領執行團隊的創意思維與戮力以赴的精神與態度；文化局葉澤山局長以其平日建立的人脈和和善關係發揮同儕影響力，不斷的居中幹

旋說服各局處主管參與本次論壇；以及市政府各局處同仁在參與後的認同感與持續的配合度…等，最為可貴。

（白鷺鷥文教基金會 董事長 陳郁秀）

每個縣市政府有其內部文化，雖然本計畫的統籌為臺南市政府文化局，但是在計畫過程中，可以感受到參與此次計畫的臺南市政府的局處首長具備寬大的胸襟，願意放下各局的績效，一同為臺南市政的美好未來擘畫，並邀集自己單位的同仁積極參與，此也為本計畫能順利執行的關鍵。此外，在經過這樣的策劃工作過程，市府同仁也開始運用設計思考的方式進行討論，可見本案對於推動創意官僚有其助益。

（C-Hub 成大創意基地 執行秘書 林珊）

貳、願景臺南 TAINAN VISION

個案操作 04
臺南城市願景工作坊

一、個案緣由與定位

大臺南於 2010 年升格為直轄市後，行政幅員擴大 12.5 倍，從濱海、平原、丘陵到山區，城市治理體系、架構與思維應迥異於原本的府城古都，面臨城市發展藍圖重新整體定位與擘劃的問題。

有鑑於此，經白鷺鷥文教基金會董事長陳郁秀倡議，於 2014 年邀請 AECOM 公司、成功大學以民間智庫的立場，共同合作「臺南城市願景工作坊」，再將成果提供臺南市政府參考。

二、工作坊流程與內容

城市踏勘

工作坊的第一天與第二天透過「城市踏勘」的方式，使 AECOM 團隊實地走訪臺南，包含第一天的臺南北部地區（白河區、後壁區、新營區、鹽水區、麻豆區）與南部地區（仁德區），以及第二天的西部地區（東區、北門區、安南區、新市區、中西區），如右圖所示。

Day 01
城市踏勘
● 臺南北部與南部

Day 02
城市踏勘
● 臺南西部

Day 03
專業論壇
● 城市發展＋經濟
AECOM內部作業
● 分組提出觀察與問題

Day 04
專業論壇
● 環境與景觀＋文化保存與生活環境
AECOM內部作業
● 各組提出願景目標

Day 05
專業論壇
● 文化旅遊＋城市品牌
AECOM內部作業
● 提出10個行動計畫

Day 06
AECOM內部作業
● 資料整合

Day 07
成果簡報

♡ 同理心
② 問題定義
◎ 創意發想
✎ 原型製作
▷ 測試

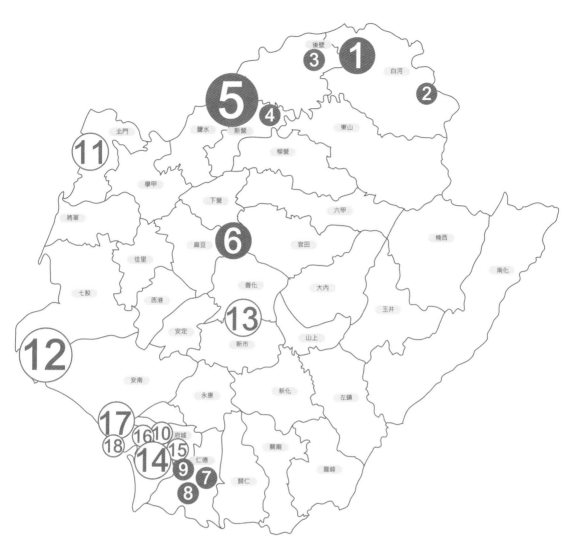

城市踏勘
Day 01

白河區
① 蓮花公園
② 關子嶺溫泉

後壁區
③ 土溝農村美術館

新營區
④ 臺南市政府民治市政中心

鹽水區
⑤ 八角樓 + 月津港 + 橋南老街

麻豆區
⑥ 南瀛總爺藝文中心

仁德區
⑦ 十鼓文化園區
⑧ 奇美博物館
⑨ 都會公園

城市踏勘
Day 02

東區
⑩ 阿霞飯店

北門區
⑪ 井子腳鹽田

安南區
⑫ 黑面琵鷺野生動物保護

新市區
⑬ 南部科學園區

中西區
⑭ 林百貨+兜空間+湯德章
紀念公園（民生綠園）
⑮ 孔廟+府中街

安平區
⑯ 赤崁樓
⑰ 總督府安平區+安平老街
+巷弄
⑱ 白鷺灣

跨領域專業講座

為了協助 AECOM 團隊能夠快速並且深入地了解臺南，本次工作坊特別邀請專業學者在第三天到第五天上午時段導入「跨領域專業講座」，以在地觀點提供專業知識。各別針對城市發展（曾憲嫻老師）、經濟（陳彥仲老師）、環境與景觀（林子平老師）、以文化保存與生活環境為核心的城市願景（顏世樺老師）、文化旅遊（傅朝卿老師）、城市品牌（林蕙玟老師）六個議題進行講述。

AECOM 內部作業

AECOM 團隊在本次工作坊當中分成總體規劃組 (7 人)、景觀組 (2 人)、經濟組 (3 人)、文化旅遊組 (1 人)、運輸組 (2 人)、環境組 (2 人)、品牌組 (1 人) 與支援組 (3 人)，總計 8 組 21 人同時進行。(右圖) 在工作坊第三天跨領域專業講座結束後，帶著新知識接續討論相關議題，並在第四天提出各組的願景目標，願景目標分成三個階段；短期 5 年願景 (2019 年)、中期 10 年願景 (2024 年) 與長期 15 年願景 (2039 年)。

第五天，團隊針對臺南城市願景提出以下 10 個指導原則：

1. 引領永續環境
2. 平衡城鄉發展
3. 構築宜居城市
4. 創造活力場所
5. 活化文物古蹟
6. 提倡綠色交通
7. 豐富生活體驗
8. 強化產業經濟
9. 推廣環保意識
10. 打造全球品牌

第六天延續指導原則並整合出 12 個行動計畫：

1. 回歸自然 - 氣候變遷下的環境策略
2. 擁抱大海 - 面向大海的海洋城市
3. 城市再進化 - 新營新都心
4. 保存空間與記憶 - 歷史風貌保護區
5. 與城市共生 - 臺南大學城
6. 低碳移動 - 打造無車城市
7. 新原鄉主義 - Made in Tainan 品牌
8. 在地生活、全球創新 - 國際微型創業基地
9. 水水新生活 - 活化安平新港與水岸
10. 魅力田園 - 三生一體的富足農業
11. 人本城市 - 高齡人口的幸福之地
12. 全球熱點 - 讓臺南站上世界舞臺

第七天進行成果簡報，在工作坊結束後重新彙整其成果並向市長匯報。

AECOM內部作業流程

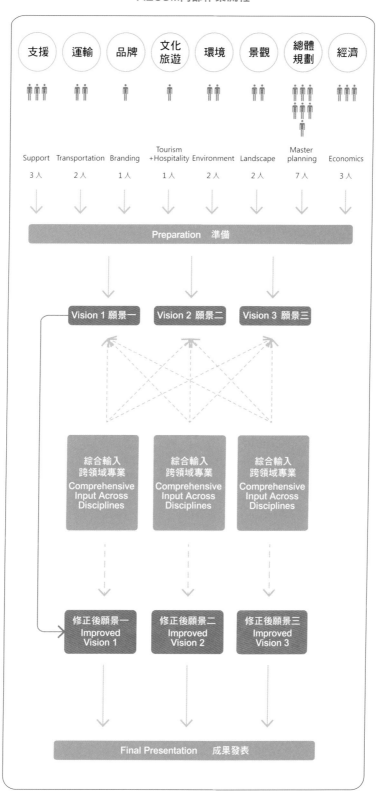

三、工作坊成果

AECOM 集結了來自全球各專業領域專家齊聚臺南，經過深度走訪踏勘、與在地專家學者的溝通交流、密集的腦力激盪分組討論等過程後，希望以一個全新的角度為臺南未來城市發展繪製一張具有想像力的藍圖，作為未來城市發展的長遠指導方針。

臺南是臺灣最古老的城市，2024 年即將迎來臺南建城 400 週年，在這 400 年間陸續經歷了荷蘭人佔領，明清時代交替，日本統治到臺灣光復等重要歷史進程，過程中臺南都扮演著非常重要的角色，也讓臺南成為臺灣最具地方特色的城市。這個到處充滿文化與歷史痕跡的古都，以它的古蹟、建築、廟宇、廣場、巷弄等，孕育著一代又一代的新臺南人，同時也吸引著外地的遊客來此悠遊，甚至定居下來；除了有無法取代的文化歷史資源外，臺南還擁有綿延的海岸線、廣闊的平原及薈萃的山林等豐富的天然資源。

因此，在這次的工作坊，三個合作單位都希望能充分發掘臺南的城市特點，進而展現出臺南未來發展的競爭力。雖然只是為期一週的研究工作，不能稱得上是一份嚴謹的規劃報告，但是參與討論與建言的團隊成員，都是來自各個領域且有多年國際工作經驗的專家，AECOM 希望能拋磚引玉提出一些觀點與建議，引起大家的迴響與共鳴，也為臺南的下階段的城市發展提出一些討論的方向。

聚落、城市、文化，皆有其起源

一個聚落，無論規模、新舊、繁榮與否都有其起源。而這些起源地正是一切事物的開端和永遠的歸屬。在緊密聯繫的當代社會，這些地方還保持著自己的特色，留存著古老的故事，傳承著豐富的文化底蘊。臺南就是這樣一個起始之地、一個真正的源頭。

臺灣的起源地，臺南，一直是這座島嶼的歷史中心，臺灣、中國、荷蘭及日本多個民族的文化在這裡融合，中華民俗傳統和宗教信仰在這裡傳承發揚。從 17 世紀建立初期的中國和荷蘭殖民地貿易港，到後來日治時期的重要中心，臺南帶著不同的身份和烙印，不斷發展。時至今日，臺南已成長為擁有 500 間寺廟的精神之都，如世界上最古老，至今仍然香火旺盛的孔廟；臺灣名校國立成功大學也坐落於此，獨具殖民時期特色的柱廊和景觀優美的校園，成為這座城市重要的風景；富饒的土地和精湛的農業技術，更是讓臺南因其飲食文化而聞名。

臺南城市發展的關鍵議題

這是一個接納與包容的地方，但同時也如同其它城市一樣，因城市發展需求而面臨強大的挑戰。臺南如何可以引領臺灣轉型成為以知識經濟為主導的產業結構？如何吸引人才來到臺南創業和開發新的產業？作為一個亞熱帶低海拔的城市，臺南應如何應對氣候變化和降低全球變暖帶來的威脅？臺南如何在發揚自身獨特歷史文化的同時，保持最本真的風貌？這些關鍵問題，都成了未來臺南城市發展的最大挑戰，詳細分析如下：

• 縣市合併後的城鄉發展差距、縣市資
　源分配不均

2010 年臺南縣市合併後，首先面臨行
政、交通及教育等系統整合的課題。原
本為臺南縣行政中心的新營市定位未見
明確，不利資源整合。

• 環境敏感性高，易受氣候變遷與人為
　因素導致天然災害

全臺的易淹水地區有三分之一位於臺南
市。近年來，在全球暖化與地下水超
抽導致地層下陷的雙重影響下，雲嘉南
平原的淹水日益嚴重，其中，沿岸養殖
業與農業繁盛的臺南市西部更是深受其
害。臺南市東部位於阿里山山脈尾段，
遇雷雨天氣、颱風或地震等天災時，存
在泥石流災害隱患。民國 98 年八八水
災對臺南市造成空前嚴重打擊，防洪治
水對於臺南刻不容緩。

• 文化保存、推廣的深化工作，需進一
　步協調與資源整合

臺南市民與民間機構對於文化推廣與古
蹟保存的意識強烈，並有財團法人古
都保存再生文教基金會、臺南市文化基
金會、奇美基金會等非營利組織。目前
臺南市多個政府與公部門機關也都有推
動文化活動與古蹟保護計畫與行動，但
若有更好的協作機制與資源整合，將能
進一步加強文化保存暨推廣的深度與廣
度。

• 缺乏城市發展願景及策略，導致城市競
　爭力落後

根據最新的全臺縣市競爭力評比，臺南
在五都排名居後僅排第四，經濟、教育、
社會福利、現代化程度以及地方財政都

居後，唯獨治安、生活品質、醫療衛生
居中或偏前，是提升競爭力的契機，但
與全臺所有縣市相比，臺南的排名也鮮
少擠進前五；環保與環境品質方面，雖
然臺南擁有良好的環境資源，但工廠與
產業聚集導致其排名遠不及其他農業縣
市。

我們認為，臺南有得天獨厚的資源優
勢，人文與自然資源豐富多樣，並擁有
世界級教育機構提供了高教育水準的人
才基礎，使臺南與世界交流的能力日益
增強。未來臺南將以開放健康的姿態接
納，並以臺南的自由精神鼓舞世界。

發展條件綜合分析

1. 優勢

• 地形地貌多樣，造就多元的生態及生
　活環境

從海岸到高山、從沙灘到岩岸、從鹽田
到稻田、從溼地到惡地形、從潟湖到
河流，呈現出多樣豐富的城鄉及生態景
觀，具備絕佳的發展潛力與條件。

• 文化資產豐厚，可成為城市發展的重
　要故事脈絡

作為臺灣最古老的城市，臺南的歷史底
蘊深厚，老城裡的古蹟、建築、廟宇、
街區，以及宗教、餐飲、鹽業等，皆具
有世界級的文化資產價值。

• 農業腹地廣大，成為長期發展的重要
　基礎

位處臺灣最大糧倉 - 嘉南平原的核心位
置，近半數的土地可供農業發展之用，

是發展優質農業、科技農業、體驗型農業的最佳選擇。

• 水資源豐富，是城市發展的保障
擁有綿長的海岸線，分布眾多的溼地、潟湖、鹽田、港灣，孕育了臺南的興盛與發展；內陸的河川、埤塘、水庫與運河等，造就了魚米之鄉，也成為城市活動系統的重要廊道。

• 研發實力雄厚，產業轉型升級供給技術與人才
以成功大學及工研院南分院為首的高等教育及研究中心，為臺南培養出眾多的優秀人才，為臺南長期發展及研發創新注入活力。

2. 劣勢

• 交通系統缺乏整合，無法有效帶動城鄉發展
臺南市擁有完整的高鐵、臺鐵、高速公路、各級道路等完整的交通服務體系，但公共運輸體系未能有效整合及串連，運輸效率不彰，不利城鄉發展。

• 城市形象不清晰，不利於長期城市競爭力
雖位於五都之列，但城市形象不及臺北、新北、臺中、高雄的鮮明定位，無法引導臺南往獨特性的方向發展，導致城市能見度不佳。

• 青年人才留不住，無法形成產業升級發展的正向循環
產業發展處於被動態勢，一產產值低、二產效益有限、三產尚待升級，無法提供穩定、具前瞻性的就業市場，導致在地人才外流。

• 水資源效率偏低，箝制長期發展
各類型的水資源豐沛，但卻無法有效運用、合理分配，甚至成為環境災害的肇因，箝制臺南的永續發展。

• 城鄉發展二元化，資源分配不均情況持續發散
在缺乏對環境適性發展的綜合指導下，導致目前城鄉發展失衡，朝向二元兩極發展，城鄉差距仍持續拉大中，不利社會資源合理分配。

3. 機會

• 海岸與水岸管制放鬆，將拉近人與水的關係
擁有多元海岸及水岸類型，例如沙灘、沿岸、潟湖、溼地、溪流以及運河等，孕育豐富的生態及景觀多樣性，加以中央政府對海岸及水岸管理的逐漸開放，對海岸的適性合理運用將帶來發展潛力。

• 綠色能源成本漸降低，有助於實現能源多元化
科技技術的跳躍性發展突破了過去的能源科技限制，已帶來低成本而高效的解決方案及契機，對未來能源多元化發展產生很大的助益。

• 深度旅遊風潮，帶來產業升級新契機
深度旅遊趨勢為資源豐富多樣的臺南帶來新的機會，透過一、二級產業朝服務業轉型，三級產業服務精緻化、客製化，加上完善旅遊配套措施，將有機會帶來更大效益。

• 整合技術漸成熟，智慧交通時代來臨
智慧生活科技發展將帶動生活產業的大
躍進，也增加了生活的便利性，如綠色
交通、資通訊即時系統、流量管理與智
慧導航等智慧交通系統解決方案。

• 健康生活方式受重視，帶來新產業機
　會
健康產業已是全球新興重點產業，包含
醫療、養老、休療養等，都將是未來的
明星級產業。臺南氣候宜人、土地資源
豐富、環境特色鮮明、生活步調輕鬆、
研發培育機構多，都具備了發展健康產
業的條件。

4. 威脅

• 區域交通高度便利性，影響遊客過夜
　住宿意願
高鐵開通後，加速臺灣內部運輸的效
率，縮短生活圈間的距離，但也影響造
訪臺南遊客的過夜住宿的意願，間接降
低商務及旅遊發展的經濟效益。

• 遊客過度集中於部分旅遊據點，可能
　導致環境及觀光品質下降
目前旅遊資源及據點仍缺乏總體性的規
劃以分散遊客活動，使得遊客較集中於
知名或較完善的景點，對重要資源的保
育形成壓力也降低旅遊活動品質。

• 全球氣候變遷威脅，導致汛期雨量大
　與地層下陷日益嚴重
面對全球氣候變遷帶來的海平面上升、
極端降雨頻發的直接威脅，臺南尚未
擬定明確、長期的因應對策及方案，對
沿海低窪地帶及地層下陷區域的環境安
全，構成嚴重威脅。

• 低價農產品大量進口，衝擊臺南農業
　的經濟利益
臺灣加入後 WTO 及簽訂兩岸 ECFA 後，
低價農產品逐漸擴大進口量，在缺乏配
套措施下，直接影響在地農產銷售及整
體農業產值。

願景臺南

在快速掃描臺南城市的自然、人文、產
業、人才資源等面向的優勢，與城鄉發
展不均、人才外流、交通系統不完善以
及城市形象不完整的劣勢，並有多元開
發海岸線、深度旅遊的旅遊風潮、智慧
城市與交通管理、崇尚健康的生活方式
等機會，和氣候變遷所帶來的環境與天
然災害的威脅後，我們為臺南市提出了
五個願景：

1. 協力臺南 (Cohesive Tainan)
臺南作為臺灣五都之一，已積累長期發
展的能量及潛質，未來除了充分展現自
身特色外，也應該積極與鄰近縣市跨域
合作，達成資源整合、協作規劃、差異
發展與創造綜效的更大價值。

2. 原味臺南 (Authentic Tainan)
閱讀臺南發展的軌跡，就如同見證了臺
灣發展的歷程，最早的天后宮、最古
老的城市、最具代表性的古堡與砲台以
及最具特色的孔廟，都是臺灣文化的縮
影，未來的臺南將是一座把歷史文化融
入在生活中、旅行中的慢活城市，漫遊
其中，可細細品味屬於臺南的臺灣原
味。

3. 看見臺南 (Recognized Tainan)
溼地、紅樹林、候鳥、潟湖、河流、森

林，以及古城、砲台、廟宇、鹽田、運河交織而成的臺南，擁有世界級的發展潛力。未來透過城鄉環境資源的系統性整合與改造，將為臺南形塑出新的城鄉風貌，建立屬於臺南獨特的品牌，讓世界看見臺南。

4. 強韌臺南 (Resilient Tainan)

過去在追求經濟發展的同時，整體環境也付出了一定程度的代價，在全球環境變遷的現實下，臺南應深思如何避免長期可能產生的環境風險及衝擊，如土地鹽化與地層下陷等帶來的災害。透過科學分析及發展格局的調整，臺南的土地利用應朝向彈性化發展，讓臺南得以適應環境變遷的各種挑戰，展現臺南的強韌適應性。

5. 富饒臺南 (Prosperous Tainan)

廣闊的土地資源及豐富的物產，加以薈萃的人文底蘊及高水準的人力資源，賦予臺南絕佳的發展契機。未來應善用自身獨特優勢帶動產業升級轉型發展，提昇一產產值及特色化、二產客製化及低碳化，三產在地化及精緻化，作為驅動臺南升級的深厚基礎。

未來發展的 10 項指導原則

在城市未來發展願景的前導下，我們希望未來臺南市的市政發展與建設，都應依循我們所建議的 10 個城市發展的指導原則。

1. 引領永續環境

採取適地適性的發展，不以資源消耗模式成長，而應充分挖掘在地資源作為城市發展的特色及基礎，並強化對全球氣候變遷的調適能力，引領環境、社會、經濟等層面朝向永續發展。

2. 平衡城鄉發展

透過城鄉發展條件的重新評估，並藉由城市發展願景及功能體系的確認，重新組建因應未來發展的城鄉空間結構，並採取特色化、差異化與加值化的方向發展，輔以健全的交通及公共服務體系，確保城鄉均衡發展。

3. 構築宜居城市

無論城市或鄉村，都應該滿足不同人群的主要需求，其中包含就業、居住、休閒與健康等層面，把臺南形塑成多樣特色的宜居城市，讓居民感到幸福，並可吸引人才的移入，形成技術人才帶動在地產業轉型升級的正向循環。

4. 創造活力場所

臺南作為臺灣最古老的城市，呈現出傳統、寧靜與平和的氛圍，相對少了些帶動城市再造的活力。透過傳統脈絡的深掘及城市活動的導入，應為城鄉結構中創造出更多具有在地特色的活力空間，也是展現獨特魅力的場所。

5. 活化文物古蹟

近年來，臺南已積極對重要文物古蹟進行活化再利用，但目前仍以點狀活化、靜態參觀的方式保護為主。未來可運用更靈活及更具有創意的手法，以系統性、主題性與互動性的方式帶動更積極的遺產體驗與活化。

6. 提倡綠色交通

綠色低碳已成為城市發展趨勢，透過低碳交通工具的引入，建構友善的公共運

輸系統，鼓勵自行車及步行的方式，甚至更積極的交通控管措施等，提倡綠色交通生活，並帶來綠色產業發展機會，提昇綠色城市形象。

7. 豐富生活體驗

豐富多樣的自然、文化資源，以及長年積累的深厚人文素養及常民文化，讓臺南擁有獨特的城市個性；未來應善用良好資源底蘊為基礎，創造出多元的生活體驗環境，成為優質的生活大城。

8. 強化產業經濟

以在地資源為基礎，以高等教育人才為觸媒，重新思考臺南長期的產業發展策略以及架構，同時解決一、二、三級產業當前的發展瓶頸，以知識力量引導在地產業的升級、轉型與加值，驅動城市變革。

9. 推廣環保意識

臺南生態環境多元獨特，但也脆弱敏感，維護環境應是維持臺南競爭力及城市發展的重要基礎，不以犧牲環境來換取不可持續的經濟成長，應透過學校及社會教育深植在臺南人心中，並成為政府決策的重要考量。

10. 打造全球品牌

在缺乏系統性整合及明確行銷策略步驟下，臺南的深厚特色及資源底蘊尚未能開拓出自身的品牌。未來可發揮自身特色及優勢，在有計畫的執行策略引導下，運用在地資源創造出全球化的競爭力，實踐最本土化即是最全球化的理念，逐步打響出臺南的國際品牌。

12 個行動計畫

我們在這次的願景工作營也針對臺南城市發展提出了 12 個的行動方案，這些行動方案內容包括了短、中、長期的行動計畫以及建議措施。其中關於海岸線規劃，我們主要分兩個部分探討：一是台 17 號線以西的「沿海濕地潟湖地區」；另一部分是以安平新港與漁光島為核心的「城市水岸核心區」。因應這兩種不同的海岸線，以下提出幾個國際及 AECOM 的成功案例做為借鑒：

1. 回歸自然 - 氣候變遷下的環境策略
- 水庫清淤計劃及河道修護措施
- 結合當地特色產業規劃觀光行銷
- 結合交通、景觀等設計，落實並推廣節能減碳思維
- 山坡地水土保持工程規劃及設計
- 調整環境相關法令，使其符合國際環境保護條例

2. 擁抱大海 - 面向大海的海洋城市
- 揚棄以防堵為主的治水手段，改以順應河川的方式來減低水患威脅
- 滯洪池結合農業地景設計
- 將沿海低窪易淹水、潮間帶區、規劃為生態保育區，避免開發
- 將低度利用之魚塘等地還予海洋，減緩氣候變遷帶來之衝擊
- 透過調整海岸堤防線，恢復鹽沼溼地，重新創造生態棲地；強化防洪效益及保護後方的農地

3. 城市再進化 - 新營新都心
- 建立新營新都心，以公共建設帶動新區發展
- 聚焦於打造前瞻創新型的產業功能，

例如研發與高等教育，吸引知識型人才移入，創造「知識新都」的形象識別

· 透過強化會議會展的功能，成為北臺-4.233公釐南的對外交流中心，提升臺南產業服務以及與國際接軌的界面·新營位於北臺南農業產業與生態圈的中心，未來應整合規劃週邊豐富的生態資源，完善旅遊服務設施與配套，打造成為臺南的生態旅遊產業中心

· 善用其位於嘉南平原的區位優勢，規劃與完善都會服務功能，打造宜居的生活環境，緩解老城區的居住壓力，擴大新營對週邊區域的服務能力

4. 保存空間與記憶 - 歷史風貌保護區

· 指認臺南重要的傳統街區，劃設歷史風貌保護區（包含核心區和緩衝區）

· 保護區內進行全面調查，並積極維護重要建物及傳統空間紋理

· 擬定保護區都市設計準則及審議機制，確保老城內的傳統風貌

· 保障保護區內居民的應有權益，配套容積轉移措施

· 強化保護區間的聯繫性，成為重要城市文化旅遊網絡

· 展開城市行銷推廣計畫，醞釀臺南建城400年慶典

5. 與城市共生 - 臺南大學城

· 完善大學向民間知識移轉的渠道，致力於產業化創新成果

· 政府與大學合作，強化知識型人才培育與吸引，讓人才成為臺南吸引外商投資的優勢

· 結合資訊科技，打造高等教育服務輸出平臺，提高國家在區域高等教育界

的發言權與影響力

· 運用學術資源，打造民間終身學習平臺，實現城市即校園的願景

· 發展大學參與城市發展的機制

6. 低碳移動 - 打造無車城市

· 在臺南城市核心區域，劃設自用車輛限行區域，鼓勵搭乘公共交通工具或低碳交通工具

· 建構無縫串連的城市公共運輸及停車系統，確保城市居民通行的便利性

· 規劃完善的自行車道及步行服務體系，鼓勵民眾漫遊臺南

· 引進低碳大眾運輸工具及相應配套措施，建構低碳交通的友善城市

7. 新原鄉主義 - Made in Tainan 品牌

· 以生活品質提升為發展主軸，以"臺南"為品牌，打造臺南成為亞洲「輕。生活」之都

· 帶動原鄉時尚生活產品發展，打造臺南成為生活之都的印記與聯想

· 科技與創新知識移轉，帶動傳統生活產品升級·完善運籌設施與管理系統，形成國際產業鏈無縫連結

· 舉辦國際交流活動，提高臺南品牌的能見度與向國際宣傳臺南品牌的理念。

8. 在地生活、全球創新 - 國際微型創業基地

· 導入社會企業發展模式，提供整合與全方位的發展機制與服務

· 打造國際青年創業村，利用老城區空間或者農村閒置用地，滿足創業家工作與交流的空間需求

· 發展在地婦女創業，有機結合工作與生活平衡

- 完善多元管道國際微型行銷平臺
- 打造創業會展亮點空間，促進創意、人才與城市空間有機融合
- 帶動跨國微型創業商業模式移轉，樹立臺南為世界創業城市典範

9. 水水新生活 - 活化安平新港與水岸

- 完善雲嘉南區域冷鏈物流網，聯合高雄空港，海空陸多重運輸模式的建造‧投資並普及區域生產履歷制度，以品質與透明度發展區域農產品在國際的品牌識別
- 中長期以打造臺灣農業運籌中心與品牌營銷中心為目標
- 精緻農業加值的系統化方法將成為臺南對外輸出的知識產品
- 臺南成為亞太區農業創新與知識中心，對國際進行知識輸出服務
- 以漁光島、安平港為水岸活動核心及起點，發展城市濱水活動系統
- 引進國際水岸城市的發展模式，成為臺南新的城市焦點
- 將還地於海的海岸低地，打造成高度生態、低密度的旅遊目的地
- 建構水上交通系統，滿足生活與旅遊的多元需求

10. 魅力田園 - 三生一體的富足農業

- 以農業與嘉南平原既有的農業為核心，發展農業地景景觀
- 引進國際生產農業地景概念，配合既有的地形地貌，提升嘉南平原不僅是農業生產基地，也是重要的景觀特色
- 發掘一城鎮一特色農產品，打造農業體驗與頂尖農業景觀
- 透過既有的農業灌溉系統，除了滿足農業機能外，也形成農業地景連結的網絡

11. 人本城市 - 高齡人口的幸福之地

- 透過科技與通訊技術結合，醫療與照護資源的整合，推動遠距醫療與照護服務，打造智慧型高齡社區
- 透過基礎設施完善，打造臺南成為高齡移動友善城市
- 透過政策環境的完善，鼓勵產業跨業結盟，善用臺南豐富的休閒自然資源，強化城市整體為銀髮族提供「醫療照護 - 健康養生 - 休閒樂活」全方位整合服務的能力
- 體驗服務國際化發展，吸引國際銀髮遊客來臺南進行養生旅遊

12. 全球熱點 - 讓臺南站上世界舞臺

- 參與國際城市主題論壇，提高城市整體活力與在國際媒體的能見度
- 舉辦國際賽事與活動，結合臺南城市特有自然地貌與文化資產，連結城市產業資源與優勢，提升城市多元的知名度
- 認證臺南成為永續農業產地
- 善用影視產業，行銷臺南
- 打造景觀路線，串連地標與多元化的農村景點‧完善外語旅遊資訊服務，擴張深耕國際旅遊市場‧改善遊客進入臺南的第一印象，建立通暢的交通轉運路線，以及簡單易讀的城市標示系統

專案計畫貳、願景臺南 TAINAN VISION 反思與回饋

一、關鍵點

AECOM 公司是國際知名的建築工程顧問公司，提供專業技術和管理服務，業務涵蓋環境、能源、水利、基礎設施、交通運輸、政府服務等領域。該公司在 2013 年受邀參加文創大道行動論壇並派員擔任三場論壇主講人，三位主講人均分享許多令人驚豔的國際觀點與執行案例，著實開拓了與會者的視野。

加上，我認為臺南市雖位居臺灣南端，但在臺灣的發展史上有其重要且特殊的歷史意義，而其古城的意象與豐富多樣的地理與物產，在 2010 年升格為直轄市後，應有極大發展作為。因此，由白鷺鷥基金會主動邀請 AECOM 公司與成大共同合作，以國際視野擘劃臺南未來的發展願景。而 AECOM 公司有多位高階主管皆出身成大，以回饋故里的心意，毅然決然地同意共同出資執行本案，實令人敬佩。

（白鷺鷥文教基金會 董事長 陳郁秀）

「願景臺南」是由白鷺鷥基金會、AECOM 及國立成功大學共同策劃，以民間智庫的方式提出對臺南市政發展的建議。此計畫緣起於前一年的「新世紀臺南文創大道行動論壇」，當時論壇邀請到 AECOM 的三位副總裁擔任論壇的講者，由於該三位業界先進皆來自於臺灣，即使長年在國外奔波，但對於臺灣這塊土地還是有濃厚的情感，希望能為臺灣盡一份心力。因此向白鷺鷥基金會陳郁秀董事長及成功大學劉舜仁教授提出以國際之角度對臺南提出專業的城市規劃建議。後續在白鷺鷥基金會陳郁秀董事長的協助下，AECOM 團隊組成跨國專業團隊，結合成功大學團隊連結校內專業師資及市政府同仁，共同擘畫臺南市的願景藍圖，在上述關鍵因素下，才能成功辦理本案。

（C-Hub 成大創意基地 執行秘書 林珊）

二、具有突破性的事

AECOM 公司在世界約 150 個國家均有業務，擁有世界頂尖優秀的實務經驗人才。為進行本案，該公司從世界各地調來含城市規劃、綠色基礎建設、產業經濟、文化旅遊、交通規劃、生態環境以及品牌形象等部門總監率旗下高手共二十餘位人員，集聚於臺南市，進行為期七天的規劃設計工作。

期間，包括兩天的實地探勘、三場國內學者專家的專業論壇與五場工作坊，在最短的時間內密集的吸收與蒐集臺南相關資訊，並腦力激盪完成了臺南市願景的規劃，效率之高，令人咋舌。

這項計畫可說是臺灣少有以國際專業顧問團隊的方式，由民間自籌經費，以民間智庫的角色，為地方政府進行永續且具國際觀點的都市規劃與設計個案。

（白鷺鷥文教基金會 董事長 陳郁秀）

本案以民間智庫之方式從國際的角度以及從短、中、長期的不同時間軸提出市政方向。AECOM 團隊對臺南的都市規劃提出許多未曾想過的可能性，例如：善用海岸線打造漁光島成為如坎城般的度假聖地，另也提出有別於單點保存的舊城區全區保留策略，讓古蹟保存與城市發展並重。此外，全球暖化也為本案的重點探討議題，如何透過城市規劃讓臺南市解決海岸線退縮的問題。以上皆為本案具突破性的事。

（C-Hub 成大創意基地 執行秘書 林珊）

三、困難點

由於 AECOM 公司業務遍及世界各地，來臺工作期間仍有要務在身，無法全部全程參與，或有部分成員在過程中才加入，恐無法完整的交換彼此間資訊與觀察心得。另，臺南市自 2010 年整併升格後，尚未建立完整的市政資料庫或統計數據，致使成果報告書較缺乏內部區域相互比較或解釋關聯性的參考或佐證數據。

三場國內專家學者的專業論壇，提供國內觀點，有助 AECOM 團隊理解臺南發展現況，但仍有些成員為第一次來臺南，對臺南的認識仍稍淺薄，而工作坊屬 AECOM 內部會議，國內論壇專家們

未能在場及時提供資訊或見解，增加搜尋資料的時間且較難含納臺南在地者的需要。

（白鷺鷥文教基金會 董事長 陳郁秀）

由於 AECOM 須集結不同專業並來到臺南進行工作坊，如何在短時間內讓提出前瞻又有深度的內容為一大挑戰。除了事先成大團隊需協助提供背景知識予 AECOM 的專業團隊，此外因團隊成員來自世界各地，過程中須配合團隊抵達的時間隨時調整行程。
另外，如何讓國際團隊在短時間內了解臺南，整個工作坊、講座的安排、在地師資的挑選及邀請，都相當重要且棘手。所幸各方均認為本計畫相當有意義，因此皆排除萬難前來共同為臺南的市政前景戮力。

（C-Hub 成大創意基地 執行秘書 林珊）

四、最具價值的地方

本案堪稱民間版的臺南願景規劃書，且從國際觀點規劃設計具國際級城市形象的建設藍圖。成果報告書，除出具體的擘劃臺南願景、10 項指導原則、12 個行動計畫與相關設計構想外，也介紹許多國外實際執行案例，強化可行性與實踐力。

此外，臺南的城市水岸、海岸濕地、平

原，乃至山林之美備受這次來臺的國際
規劃設計菁英們讚賞，激稱處處都可發
展當地產業也皆可逐漸開發成為國際型
的度假休閒與運動勝地，如臺南安平的
漁光島，認為不應被遺忘其海岸線與沙
灘之美，可低密度、分期發展成為生態
休閒旅遊亮點，頓時啟發吾人的視野與
思維。

（白鷺鷥文教基金會 董事長 陳郁秀）

「願景臺南」整個策劃過程皆以國際的
合作方式進行，並結合成功大學規劃與
設計學院的優秀師資共同提出臺南市願
景，對於位於臺灣南部的臺南市是難得
的經驗。「願景臺南」提供許多國外城
市規劃的實際案例供市府同仁參考，並
從「品牌形象」、「旅遊規劃」、「環
境」、「經濟」、「交通」、「景觀」
等全面的探討臺南市的發展，並將臺南
定位在國際城市的高度，以國際的角度
提出臺南市的城市發展，有助於臺南的
整體城市發展。

（C-Hub 成大創意基地 執行秘書 林珊）

五、其他值得分享

工作坊雖為內部會議，從旁卻也觀察
到，該團隊討論的過程中，氣氛非常的
輕鬆與自在，期間也出現幾種角色，有
總合者，有提問者，有引導者，有資訊
蒐集者，有議題整理者，有天馬行空的
發想者，也有從中破壞者…，在白板上
以各種形式發揮各自的功能，這種開放
式的政策或意見討論模式，值得政府部

門學習。

此外，據聞，AECOM 公司規劃設計團隊
在臺南工作期間，有些人常夜間再度到
處探勘，觀察臺南的生活型態；或有些
成員徹夜整理、搜尋資訊，統合當日討
論結果，或為隔日的工作營尋找相關資
料。該團隊具備如此敬業的精神，才能
在極短的時間，於第七天即提出工作營
成果報告，值得讚許。

另，成果報告書的 12 個行動計畫，均
依輕重緩急分為 2019 年短期行動計畫，
2024 年中期行動計畫，以及 2040 年長
期行動計畫，並提出具體措施，可供市
府參考據以編列具體實施計畫，逐年於
城市治理中落實。

（白鷺鷥文教基金會 董事長 陳郁秀）

AECOM 公司為國際公司且組織龐大，
公司內部同仁皆身處不同的國家，這麼
龐大又組織複雜的企業如何在很短的時
間內組成團隊，並且抵達當地進行工作
營，AECOM 公司有其工作方式。如此迅
速且有效率的工作方程式值得公務部門
學習。此外，「設計思考」在本案的工
作坊操作，可見設計思考對於不論公部
門還是私人機構的跨單位、跨專業的整
合與業務執行皆有所助益。

（C-Hub 成大創意基地 執行秘書 林珊）

參、臺南市產業創意行動論壇與規劃設計工作坊

參、臺南市產業創意行動論壇與規劃設計工作坊

一、規劃構想

繼完成《TAINAN 2024：新世紀臺南文創大道行動論壇》之後，臺南市政府及白鷺鷥文教基金會在2014年中啟動了《臺南市產業創意行動論壇與總體規劃》。這項新的專案擴展延伸至整個大臺南地區，並分別針對「基礎農業轉型」（個案操作05）、「傳統工業升級」（個案操作06）、以及「濱海漁業生態」（個案操作07）等三大主題進行探討。

參與的市府單位包含了都市發展局、農業局、文化局、經濟發展局、觀光旅遊局、教育局、以及交通局。

之前《文創大道》提供了一個足供參照的行動論壇運作規律：(2+1) x 3，亦即每項主題皆舉辦二次的「策劃工作會議」以及一次正式的「論壇」，因為有農業、工業、漁業三項主題，故重複三次，如圖所示。

第一次的工作坊以臺南市政府的各局相關業務承辦同仁為班底，再邀請熟識在地產業的代表與從業人員參加，目的是獲取地方的經驗、意見、與期待，並透過分組的集體實作與發表得到初步的發展構想。

第二次的工作坊則在第一次的基礎上，邀集市府各局首長、單位主管、以及相關業務同仁參加，針對地方提出的問題與看法再作進一步的探討。

最後正式的論壇則分為「專題演講」與「座談」兩部份；每次專題演講邀請三位專家分享，提供他們在「產業與服務創新」、「品牌與行銷企劃」、以及「規劃與設計整合」方面的經驗；座談則整理兩次策劃工作會議所得，篩選重要的議題，由局長主持，邀集南部地區業者共同討論。

本次在三場個案操作結束之後，則產出了10項「行動方案」，其中包含40個子計畫。為了跨越產業（農業、工業、漁業）以及行政（都發、農業、文化、經發、觀光、教育、交通）的界限，提高結案後在執行面上的可行性，接著企劃、舉辦一個為期兩天的跨局的創意規劃設計工作坊。

從市府決策的層面來看，2015年1月由陳郁秀董事長對賴清德市長提出的第一階段論壇成果報告，是第二階段發動的關鍵點。

在賴市長的認同與授權之下，6位局長參與了方案的選擇，並從40個子計畫中共同選出了22個子計畫，作為創意設計規劃工作坊的研討對象。

最後工作坊產出了三大方案：（一）農村生活旅遊暨「臺南尚青」農產品推廣、（二）原創臺南、（三）活力將軍、魅力海岸。

2015年7月對賴清德市長、曾旭正副市長、以及陳美伶秘書長作總結報告，此三項方案獲得確認，分別納入施政相關計畫推動執行。

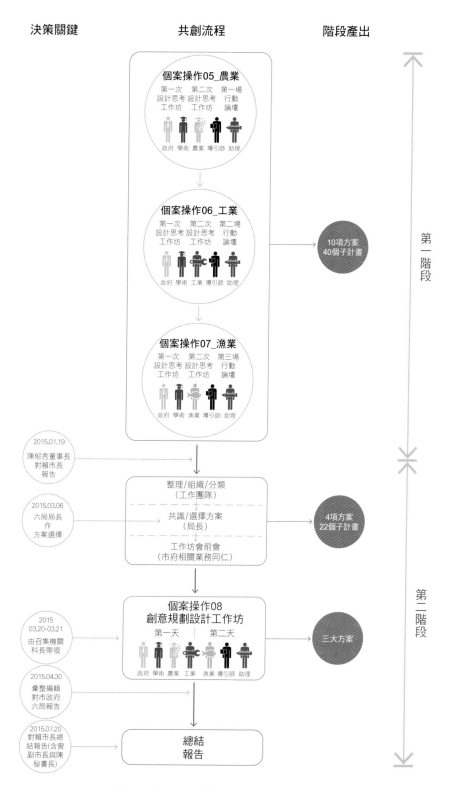

臺南市產業創新政策研擬之共創流程圖

個案操作07
第一次工作坊

行政院農委會特有生物研究保育中
心(黑面琵鷺生態展示館)
(照片提供／立聯合建築師事務所)

二、以大臺南地區作為工作坊地點之選擇

工作坊地點的選擇重點在於提供良好的集體討論場所，因此地點的選定以能容納 3 組 (每組約 5~10 人) 之彈性工作空間為主 (例：臺南文化創意產業園區、成功大學耐震擴建教學大樓 4F 綠色教室、C-Hub 成大創意基地)。

除了上述空間上的需求，若能提供相對應之共創工具 (詳目錄 II_ 共創工具) 則能達到事半功倍之效果。此外，因應不同議題移動至相對應的場域 (例：個案操作 06 於行政院農委會特有生物研究保育中心「黑面琵鷺生態展示館」舉辦)，則更有助於加強參與者的臨場感與真實性。

論壇則分為「專題演講」與「座談」兩部份；每次專題演講邀請三位專家分享，提供他們在「產業與服務創新」、「品牌與行銷企劃」、以及「規劃與設計整合」方面的經驗；座談則整理兩次工作坊所得，篩選重要議題，由局長主持，邀集相關代表性

之業者共同討論，因此場地的選擇以演講廳類型空間 (例：臺南市新營文化中心、成功大學國際會議廳) 為主。

個案操作01論壇

臺南知事官邸

個案操作02論壇

林百貨

個案操作03論壇

國立臺灣文學館

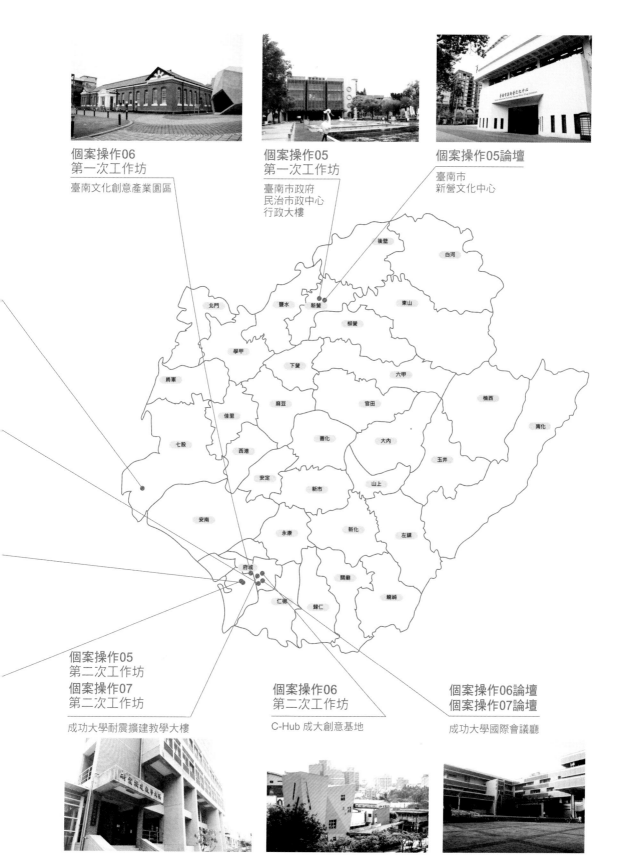

個案操作06
第一次工作坊

臺南文化創意產業園區

個案操作05
第一次工作坊

臺南市政府
民治市政中心
行政大樓

個案操作05論壇

臺南市
新營文化中心

個案操作05
第二次工作坊
個案操作07
第二次工作坊

成功大學耐震擴建教學大樓

個案操作06
第二次工作坊

C-Hub 成大創意基地

個案操作06論壇
個案操作07論壇

成功大學國際會議廳

個案操作 05
臺南市農業創意工作坊

一、工作坊主軸與流程

個案操作 05 以農業為主軸，旨在「分享地方農業發展的相關經驗，協助市政府建立未來施政藍圖的架構及方向」。

個案操作 05 人員組成包含：
一、臺南市政府
農業局、都市發展局、文化局、經濟發展局、觀光旅遊局。
二、特色農產、花卉的展銷合作經營單位
愛文山人文發展協會、無米樂特色產業合作社、蘭花產銷協會。
三、農業相關二、三級產業代表
休閒農業協會、耕藝耘術有限公司、可杯生技 (股) 公司、臺南文化創意園區。

本次工作坊依照農業局推廣之主題農作物作為分組討論依據，分別為水果 (芒果)、稻米與花卉 (蘭花) 三組，此外為能充分探討觀光與農業結合的可能性，另外分出休閒農業組，希望透過這樣的分組方式，充分探討農業現況、地方發展方向、農村活化，以及觀光與農業結合等議題。

- 同理心
- 問題定義
- 創意發想
- 原型製作
- 測試

現況描述
- 說明議題
- 提供案例
- 引導討論

挑選關鍵字

腦力激盪
- 各自表述意見
- 意見摘要紀錄

分享
- 歸納各方意見
- 引導挑選關鍵字供繼續討論

修正
- 歸納各方意見
- 引導挑選關鍵字供繼續討論

整合歸納
- 將議題架構化
- 統整全組討論內容

各組報告

水果 (芒果)

引導師 助理

稻米

引導師 助理

花卉 (蘭花)

引導師 助理

休閒農業

引導師 助理

工作坊一開始，由計畫主持人提供農業經營案例，並說明工作坊進行方式，引導師帶領分組討論時誘導成員各自發表意見，檢視各局在這些議題中具備的資源與現行施政方案，助理則快速生產出新的關鍵字。透過歸納整理後，將工作坊所得的關鍵字分別組構，提出可執行方案的策略。經過再次討論，修正方案的架構，進而產出對應市府現有資源及創新策略的成果。

二、共創工具到成果產出

關鍵字表 I

引導師藉由同理心之建立、問題定義、案例分享等步驟引導成員討論，助理則從旁紀錄答覆之關鍵字，並以便利貼即時書寫、張貼，建立公開與視覺化的共創平臺，以達到再刺激與發想之效果。待關鍵字累積到一定數量後，則能依其屬性進行分類。

行動方案 I

工作坊前需擬定討論之初始架構，如選定柳營太康社區為示範區域，分別就合作（包含：文化、研發、人才等通泛性議題）與服務（包含：行銷、空間等通泛性議題）兩大面向進行行動策略擬定，以此作為成員起始討論之架構，討論過程中同樣以便利貼即時書寫、張貼。

工作坊後則針對產出，從通泛性議題收斂至具體方案，初擬的架構亦隨之修正與擴充（如原先的文化、研發、人才、行銷、空間等 5 個子議題，經討論變更為教育、回鄉策略、空間釋出、輔導、研發、認證制度 6 個子議題），並鏈結相關可執行之行動策略。

資源分佈圖

個案操作 05 盤點了臺南地區農業資源（休閒農業、花卉、稻米、蔬果等產業），並依其類別、數量、地點、影響範圍進行地圖化（mapping）呈現，透過資源分佈圖的製作，除了能清楚呈現相關產業於地理空間上的強度分佈及產業間連結的關係外，更將有利於政策上的綜合評估。

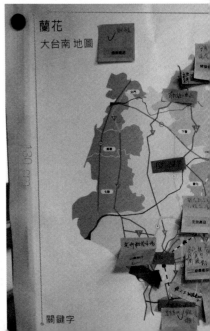

政策	整合認證制度	施行有機獎勵制度	推行農業法人化	檢討休耕政策
行銷	建立故事性	開發節慶商機	名人代言	部落客行銷
品牌	建立各級物產聯合品牌			
合作	觀光旅遊合作	藝文界合作	產學合作	跨域產業合作
	整合區域資產集結	企業合作	整合物產與景點	
空間	空間再利用	農業地景	活化休耕地	
	整合農村空間	物產地圖(季節、區域)		
文化	飲食文化	深化在地性	在地文化體驗	
智財	申請智財權	申請品種權		
國際	國際展覽	國際觀光客		
研發	生技產品	農學交流		

協助成立產銷班

學校合作
人力培育
技術輔導
農民學堂

產品認證、品牌建立
(有機栽培認證、產銷履歷)

部落客
微電影行銷

認證制度　教育

柳營太康社區

研發
輔導

回鄉策略
空間釋出

研發米食料理產學合作

青年回鄉誘因

輔導大規模經營　　閒置校舍、打工換宿

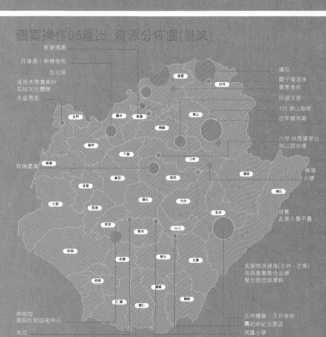

三、場域選定

新營區位於臺南市北端，急水溪之北岸，是嘉南平原的中心。新營區的發展歷史可以追溯至明鄭時期，當時以屯駐兵為主。1902年縱貫鐵路開通，1908年設置鹽水製糖廠及總社事務所，因為該地區隸屬嘉南大圳的通水區域，米與甘蔗成為重要農業生產品，於日據時期已成為嘉南平原上重要的農業城鎮。

因此個案操作 05 選定臺南市新營區中兩座重要公共建築 (臺南市政府民治市政中心行政大樓以及臺南市新營文化中心) 作為本次個案操作舉辦地點，藉此回應農業創意之議題。

臺南市政府民治市政中心行政大樓

2010 年臺南地區改制升格後，位於安平區以及新營區兩處的原縣市政府廳舍分別改為永華市政中心與民治市政中心，由於臺南市政府部分局處兩地皆設有辦公室，因此市府人員需要來回兩地辦公。

臺南市新營文化中心

臺南市新營文化中心於1981年元旦破土興建，全部工程於 1983 年 10 月 8 日落成同時啟用。2010 年獲文建會經費補助，全面進行館舍整建工程，包括音樂廳、展覽室、圖書館室、研習教室、演講室、辦公室等空間，於 2011 年6 月重新揭牌啟用，以嶄新的空間提供藝文服務。

永豐餘生技的有機哲學 - 談農業的加值與創新行銷

產業　永豐餘生技股份有限公司
張瑾文　副總經理

在CSA裡，看見村落的春天：小農，小村，好生活

產業　大王菜舖子
王福裕(大王)

從地方農產到全球品牌 - 紐西蘭奇異果的奇蹟之旅

產業　紐西蘭奇異果國際行銷公司
陳郁然　前總裁

個案操作05論壇與會人員及議題

產業　產業　政府　產業　產業

議題 /
以農業創新之角度探討人才培育策略與臺南農產國際行銷

果寶創意整合行銷
簡素玲 總經理

一籃子股份有限公司
莊雅萌 董事長

臺南市政府農業局
許漢卿 局長

大埔有機農場
許復堡 場長

5012生態果園
李佳翰 負責人

四、論壇

本次論壇的探討主題為「以農業創新之角度探討人才培育策略與臺南農產國際行銷」，針對本次議題邀請 3 位主講人：

- 永豐餘生技
  股份有限公司
  張瑾文 副總經理
- 大王菜舖子
  王福裕（大王）
- 紐西蘭奇異果
  國際行銷公司
  陳郁然 前總裁

3 位分別講述「永豐餘生技的有機哲學 - 談農業的加值與創新行銷」、「在 CSA 裡，看見村落的春天：小農，小村，好生活」與「從地方農產到全球品牌 - 紐西蘭奇異果的奇蹟之旅」等主題，並於演講結束後進行座談。

座談的部分以前述演講為基礎展開，邀請相關產業與談人參與，包含：

- 一籃子股份有限公司
  莊雅萌 董事長
- 果實創意整合行銷
  簡素玲 總經理
- 5012 生態果園
  李佳翰 負責人
- 大埔有機農場
  許復堡 場長

座談中，首先由許漢卿局長從政府的角度提出如何以「新農業、新農村、新農人」計畫來推動臺南市的農業政策。與談人分別提出食農教育之重要性，以及如何透過年輕想改變的農夫來帶動地方農業的發展，並探討到地方農產品的品牌塑造，包含本身農產品特色、農產加值、區域間的整合串連以及結合觀光做多元行銷等。

最後由陳郁秀董事長做總結提出：政府應改變補助方式，發展社區社區營造員，在地力量才能深耕。市政府以「醫生」的角色提供配套解決農民問題，到農村提供新觀念，提供個案需求之人才，由成功案例再去協助輔導其他地區，協助新農人、新農村解決個別問題。

永豐餘生技的有機哲學
談農業的加值與創新行銷

圖／文
張瑾文／永豐餘生技股份有限公司 副總經理

臺灣農業前景可期，相關專業人才的投入頗為重要，經營模式也有再發想的空間。

趨勢所談「環保」議題，即可從民生基礎食物做起，食物是人類與大自然最直接接觸的途徑之一，而學習珍惜與尊重食物亦可延伸至對大自然的尊重，從生態保育進一步尊重飲食文化，而至文化傳承、傳統家庭觀念再生，這些觀念均可透過人類的基礎需求-食物來串連。

永豐餘集團一直以來便致力於生態保育，除了研發抄紙過程應用更環保的微生物方式，更於 1996 年成立綠色小組，延伸研究將有益微生物應用於有機農業，之後於宜蘭南澳地區成立有機農場，實際示範應用微生物運作的有機農法技術，希望能推動有機農業，達到生態保育。

2000 年成立永豐餘生技，礙於當時有機市場尚未成熟，有機農業尚無行銷通路，消費者對何謂「有機」食材了解甚少，因此大部分農友認為投入有機生產風險與成本都過高，此時推動有機農法技術非常困難。經評估後，永豐餘生技乃開始轉型建立自有品牌及有機通路，希望能以集團資源開拓有機銷售通路，

從市場需求面提昇進而帶動更多農友投入有機農業，利於有機農作全面性的擴展。剛開始做有機農業外銷，用企業化、科學化方式進行田間生產管理，公開生產履歷，使生產流程透明化，以此說服國外客戶，並且更導入美學概念的外包裝（外銷日本的蔬菜則設計符合日本消費者喜好的粉色包裝設計，並輔以生產者農民的照片）。不論事情大小，只要是顧客在意的，我們都更要關心與注重。在臺灣狀況亦同，農民朋友最關心的也是農產品行銷通路與市場需求量。

對於永豐餘這樣有品牌的老公司，品牌即是資產，有助永豐餘生技自創「Green & Safe」有機品牌的推動。除了自有農場生產外，也結合致力於有機環保生產的達人，品牌定位除了滿足消費者最基本對有機安全食材的需求，更希望能進一步推廣有機更是美味及具有文化價值的概念，幫助消費者輕鬆享受有機生活。強調消費者不只是消費者更是生產夥伴，生產優質的有機農產品，其成本是必須層層堆疊的，但面對臺灣整體食物價格偏低，這也導致部分生產者為了壓低成本而偷工減料造成了食安問題。

若公司自有農場有機生產的高成本再透過銷售供應鏈層層通路商銷售，高產銷成本必導致高價位，進而影響消費者的消費意願。故永豐餘生技選擇了自創宅配通路，由於我們本身也是生產者，比一般通路更能同理心了解生產達人的過程及辛苦，我們建立了客服部門直接銷售及面對顧客，以教育消費者有機食材的知識及對價觀念。

一般人多數以為有機就是素食、就是生

機，事實不然，「永豐餘生技」想讓大眾了解，有機農業的種植是需要時間慢慢成長的，相對順應自然法則亦可得到風味較佳的農產食材，再加上用心的烹調方式，這會是一個很好的生活態度與文化教育傳承。

永豐餘生技所有的創新行銷均根基於傾聽客人的需求。公司根本的開端在於自己經營「有機農場」生產有機蔬菜，但傾聽客戶的需求後，發現除了蔬菜外，大家仍非常希望能有安全的肉品、水產、豆、蛋、水果等。我們便發想了「百寶箱」(圖1)會員制的概念，結合了其他以提供安全食材為職志的達人，以提供涵蓋客戶需要的大部份食材，會員制有了固定長期客戶，更可幫助自有農場及生產達人計畫性生產。在定位與凸顯百寶的箱內容上，Green & Safe 定位在提供的是安心且美味的高品質生活風格，食材安全僅是基本要素。由於企業

圖 1. Green & Safe 百寶箱

經營農場生產蔬菜生產成本相較於個別農友為高(不一定計算工錢)，我們自營農場則選擇種植產量可能較低，但是風味相對較佳的品種或採收較嫩的規格，這也是一般獨立農友不太願意種植的方式。

永豐餘生技希望能提供更好更具差異化的產品，因此除了細心規劃整年度的菜單，也配合時令出產的農作物設計每個月的主題菜單，帶給顧客不僅是食用有機農產，更是享受生活觀感，如泰國週，「百寶箱」會運送搭配好的食材，並且附上食譜教導顧客如何烹調出健康安心的泰國菜。

由於我們自身也是生產者，了解農產品是順天即活的，即便照年度計畫生產，屆時還是可能有變化，更何況還有現撈水產等不固定產品。所以百寶箱無法提供生鮮品固定菜單，但鑒於消費者收到變化多端的食材不知如何下手，廚師還會貼心的幫顧客設計 30 分鐘內可上菜的簡易食譜，讓媽媽們(下廚的人)可輕鬆變化菜色。這樣的服務也讓顧客會期待每週收到「百寶箱」，猶如拆禮物一般的喜悅。

百寶箱內也會包含介紹原生種與不常見的美味食材等的知識及來源故事卡片，幫助客人了解產品，建立感情，同時不斷對客服部門進行烹飪及產品知識等教育訓練，將知識傳遞給客人，也讓客人在第一時間可得到最佳的協助。開設廚藝教室，教導客人如何使用當令食材，例如水產課程教導客人如何處理當令現撈魚及煎魚技巧等，也可傳遞傳統飲食文化精神。透過「百寶箱」，永豐餘生

技期望能推廣多多在家吃飯，回復傳統的家庭價值。鑒於百寶箱內所附之安心加工品頗獲好評，進行顧客意見分析後，了解到許多雙薪客戶或新手媽媽由於時間有限無暇花太多時間烹飪或手藝尚待培養，但又希望能吃得安心，對於已製好的安心調理加工品及醬料需求殷切，乃擴大產品線至油品醬料類及省時達人加工品系列，銷售通路拓展至型錄。

加工品除了可利用原本既有的安心食材生產，也期望能保存臺灣在地傳統手藝，例如與臺南 super 阿嬤合作，傳授如何烹煮美味健康的古早味肉燥，客家老阿嬤傳授傳統製程所製造出的美味醃菜，而非現在市面普遍縮短製程添加化學添加物而喪失風味的死鹹醃菜，亦網羅了國外依古法生產及具文化代表的美味有機食品，使客人亦可同時享受異國文化，讓生活更豐富多樣化，並透過多元的飲食選擇，鼓勵大家回家吃飯、享受和諧家庭生活。

為吸引年輕熟齡族群，我們也拓展銷售管道至網路銷售，另也形塑主題開發禮盒，並將禮盒產品研發重點在說每一個農產實際發生的故事或文化意涵，讓送禮的人買了產品禮盒，可以將禮盒由來的故事分享給受贈禮盒的人，送禮上更多了一份知性與感情。

Green&Safe 期望也能保存臺灣在地原生品種及帶動飲食文化，自有農場可篩選更美味的品種，另外也契作了放山古早雞及古早黑豬品種或原生種水果等，這些品種由於較市售品換肉率及產量低許多，已瀕臨絕種或慘遭淘汰，但事實上

其風味更佳，而且偏原生種的物種較強健且不易生病，降低了用藥的需求，利於安心種植或養殖。許多原生種的農產除了美味外，對於人體的免疫力也有幫助。

保存物種需要創造銷售市場，更需要市場的支持，對生產者而言，有消費市場才有生產意願，彼此共好形成善的循環。永豐餘生技推廣原生物種銷售，除了產品差異化外，期許自己能對維護臺灣生態多樣性有所助益，這也是有機的重要理念之一。

行銷通路整合基礎的宅配服務，並結合經營實體店面 - 齊民市集 (圖 2)，「齊民市集」為有機火鍋餐廳及有機食品零售 (圖 3) 的複合式店面。餐廳以「從產地到餐桌」為主軸，以火鍋形式為主，期望讓客人能以最簡單的烹調品嚐有機食材原味，同時讓更多的人能以平價吃有機。除了食材絕對安心外，所有菜籃、食材均順應時令，推廣當令食材的概念。不論湯底、醬料、餃類等均是師

圖 2. 實體店面 - 齊民市集

傳從原食材手工費時製作，原豆缸釀醬油、沙茶醬、自製發酵酸白菜、厚功熬煮羊肉爐、手工燕餃等，都希望能傳遞「真食物好味道」的理念。

永豐餘生技在今年也新開了山海樓手工宴客臺菜餐廳，既有經驗已上山下海網羅了臺灣美味在地食材，在探詢臺灣傳統手藝時，發現臺灣除了小吃外，更有精緻的手工宴客菜餚。事實上，臺灣從二十世紀初期到六七零年代都還有許多宴客的臺菜餐廳，但後來因各種原因而式微，許多手路菜幾乎失傳，但現今社會願意花長時間以傳統烹飪方式慢慢烹煮的廚師實在是不多了，多為中央廚房所取代，希望能藉由對食材的珍惜與尊重，也能進行傳統臺菜的工藝傳承，保存臺菜飲食文化。

山海樓定位在保存老師傅失傳的臺灣手路菜，聘請老師傅傳授傳統烹食做法，結合有機在地食材，提供精緻的臺灣宴客菜餚，期許能夠重新認識臺灣原有的風土、物種、飲食的歷史與文化，用自然的方式養殖並烹調當地的原生品種，讓客人品嚐到真正的好滋味，並保護我們生活的環境與自身的健康。

總括來說，永豐餘生技用以「慢食哲學」經營銷售管道，行銷以重新建立人、食物與土地的感情連結出發，用純淨無汙染的有機食材最本質的美味喚起大家對食物的尊重，自許能成為消費者最專業熱情的有機管家，幫助客人輕鬆地過有機的生活。

推動有機農業需要農業生產達人的堅持，除了擁有自家的農場自行生產，亦

結合許多意念相投的農業達人，一同努力。臺灣有許多很認真的農人，從基礎一步步踏踏實實耕耘的農人，默默地用保存臺灣原生種，或安心農法養殖，或保存古法工藝等。我們也希望能傳遞這種無畏無懼執著的農業達人精神，希望消費者觀念能提升，願意花費較合理的價格換取安心的食材，給家人更有保障與健康的食物。

這個正確的選擇同時也是做對人類及生態有好處的事，吃食七八分飽並吃順應四季自然食材，重質不重量，選擇珍惜並且尊重食物，相信有機生活風格會慢慢蔓延，讓顧客從生活中自然接觸有機農業，並將生產農民的標章與農產品結合行銷，除獲得顧客肯定與認同的驕傲外，教育顧客的消費行為與觀念也悄悄的萌芽了。

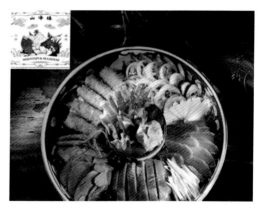

圖 3. 山海樓的手工宴客菜餚

在 CSA 裡，看見村落的春天：
小農，小村，好生活

圖 / 文
王福裕（大王）/ 大王菜舖子

從找好東西到社群支持型農業 (CSA)：
在小菜舖裡，看見小農的春天

會搞「大王菜舖子」這樣的「找一群人，挺一群人」社群支持型農業 (CSA, Community Supported Agriculture)，其實是無心插柳的。三年多前，我們為了迎接孩子的誕生，找好食物吃，發起了一個共同購買，與住在鄰近的朋友們一起向附近村子的農人買菜。由於這些食材都是有機栽種、當天鮮採的食材，因此十分地美味，且大家時常一起下田採收，跟農人成了朋友，彼此間很信任，吃得也很安心。慢慢地，愈來愈多朋友，喜愛這樣的方式取得食物，加入者也愈來愈多，且出人意料的快速。有一天，一群小農告訴我，我們這一群人的支持，讓他們能繼續耕作。這讓我十分興奮，心中立下決定，要努力把這個支持系統搞起來。

起初，那時候我們只有三個夥伴，決定進行一場 CSA 的實驗，成立了一個小菜舖子做為通路平台。透過這個平台，我們把食物配送到每一個家庭，同時努力呼朋引伴，穩定與匯聚這股消費的力量。當小農需要幫忙銷菜時，我們就用這個力量，支持他們。

我們讓父母帶著孩子跟我們一起下田（圖 1），去看食物的來源、去認識農夫和食物。我們透過彼此的熟識成功建立了信任，這個信任在朋友網絡之間傳遞了開來，形成了更廣大的信任。

為了解決認證的困境，我們開始幫有機種植的小農做檢驗，用「以物易物」的方式，由菜舖子支付檢驗費用，農人們則不需要付費，只要交付生產的食材抵付交換。由菜舖子把關種植環境與農法，只要通過檢驗，確認食材純淨沒問題，就可以安排進入配送的系統之中。實驗結果很順利，我們建立的社會信任，同時解決了小農面臨的信任與通路困境，這確實是條可行的道路。愈來愈多的在地有機小農，加入菜舖子，被這個 CSA 裡頭的家庭支持，菜舖子也因為與他們之間的彼此支持，存活了下來。

我們在 CSA 裡，隱約看見了小農的春天。雖然只為小農做出的那麼一丁點兒的幫助，但這對從事了十幾年的城鄉規劃、滿懷失敗感的人而言，心中的爽快真是難以言喻。

圖 1. 父母帶著孩子一起下田耕作

施展 CSA 的魔力：甚麼都可能的合作經濟

菜舖子這個 CSA 的操作，已經有了穩定的消費群、長期穩定地支持著小農。我漸漸發現，這個力量正在擴張，被支持的不只是小農，被消費的也不只是食物。

我們跟小農契作黃豆，交給年輕匠師製作豆腐等豆製品。我們開始和小農合作種小麥、讓手作麵食的師傅為我們作麵包與麵條。我們和種茶樹的部落合作，除了榨油也把它作成手工皂。還有手作的醃醬菜、果醬的媽媽，為我們作福菜、蘿蔔干和金棗醬等。不只穩定農人的收入，也支持能力好的手作匠師們，把加工收益也留在鄉村。這種小型的、底層的生產者之間的合作互助，其實是一種典型的「合作性經濟」，非常適合在鄉村地區發展。因為在鄉村裡，絕大多數是這類小生產者。

菜舖子所追求的是美好的生活。尤其是自然的手作物與食物，也可以說是自然生活方式的一切。很多人對於我們的在地生活感興趣，因此常常來看我們，希望經歷與學會這些美好生活。於是，我們把它設計成「在地好生活」的小旅行。很多人被吸引來到了這裡，學習著過鄉村裡的好生活。在旅行中，學會了手作豆腐、怎麼作麵包，還學會了手作麵包窯、手作木工與各種自然用器等。這些小旅行，持續不斷地帶來了一群群朋友，住在在地的民宿裡。

就這樣，會作蘿蔔乾和麵條的社區媽媽；做麵包的女孩；很會手作木食器的年輕工藝家；過好生活又愛交朋友的民宿主人等，任何跟好食物有關係的、有好手工的、會生活的，都可以被這個 CSA 支持，過自己想過的生活（圖 2）。一個小小的在地 CSA，可以從食物產業中的配送食物開始，把農事體驗、手作學習、旅行住宿、在地生活學習、餐廳等連結起來，在鄉村開啟無限可能的合作性經濟，這真是令我自己感到十分驚訝。

進入一個小村：讓土地養活人

我們感覺到所建立的 CSA 農業發展模式，蘊藏著支持多元社群的強大力量，於是繼續興奮地進入另一個實驗，試著讓 CSA 在一個村子落地生根，讓社群的力量支持村落永續，超越農業。於是，我們把菜舖子搬進了一個人口嚴重流失、長期沒落的小村「平和」。這個小村，在花蓮鯉魚山下，周圍有廣闊的田地，跟一般的農村一樣，村人們從不認為，土地可以養活人。

在小村子裡長大的我，也從事了城鄉規劃十幾年，下鄉該做哪些重要的事，我是清楚的。為了把原本設立於花蓮市區的菜舖子搬到村子裡，費盡了九牛二虎之力，幾番查訪拜託，終於租下村子裡一個近二十年的廢墟，再花了大力氣，一整年的修復整理，終於把菜舖子安頓下來，開始了小村裡的生活。

一邊安頓的同時，也進行著二件重要的基礎工程。我清查了所有的廢棄空屋，把座落、堪用狀況跟所有權屬資料，仔細作了紀錄。同時間，訪談了村子裡的媽媽們，紀錄了她們日常、生活智慧以及手作技能，也了解她們喜歡的生活方

式。我用菜舖子自身的力量，把另外三處閒置的空屋，整理成住宿和學習的講堂空間，成立了「山下講堂」。這是一個生活講堂，人們來到這個講堂，聽大王講，講村落烏托邦理想實踐，聽媽媽們講，講山下村落的生活智慧，也聽農夫們講，講自足的農耕法。我們更把一切村落的生活，設計成各種學習課程。

學習自然農耕法，學會蓋自然建築，學會當一個生態獵人，以及跟著村子媽媽上山採筍作醃物等。連進入樹林撿柴和學會升火燒窯，都是一堂讓孩子著迷的課程。

「山下講堂」的課程，把在地生活設計成了深度學習的體驗經濟，讓村落裡媽媽、農夫和木工師傅，還有負責設計課程的創意青年人們，都能參與其中成

為講師，也把他們的生活緊緊鏈結在一起，形成互助合作的社會網絡。當然，每一堂課都讓講師們有了另外的生活收入。

這個「山下講堂」，可以說是「菜舖子」的一種整合設計，企圖以村落中傳統的「農耕經濟」為母體育床，將農耕生態知識與村落生活智慧注入其中，繁衍出最具深度的「體驗經濟」。特別是「自然農耕」充滿生態知識與人文智慧，能源源不斷的供輸養分，讓整個村落經濟得以永續發展。因此，讓從事自然農耕的人能穩定的獲得生活基本所需的收入，是非常重要的一件事。於是，我們在村落裡，仔細觀察和創造機會，支持村落裡的農夫從事自然農耕。

住在村子的時間久了，和喜歡種田的媽

圖 2. 社群支持型農業 (CSA, Community Supported Agriculture)

媽們漸漸熟了，我們開始引導她們從事有機耕種。她們並沒有自然種植的觀念，所以我們設計了一個合作方案。從犁地翻耕、雜草抑制、肥料的選擇與施用，一直到收成的整個管理，都必須按有機甚至自然農耕的標準。

我們有專業的農耕團隊陪伴著，提供一切的諮詢輔導與協助。田裡的收成由菜舖子負責銷售，媽媽們可以放心種田，放心的換取生活收入。菜舖子有固定的社群家庭，也很清楚她們需要的食材。我們把這個需要和媽媽們想種的作物連結起來，一起討論每一季種植計畫。這是一個非常美好的合作，今天春天，合作已經開始，二個媽媽，在她們的田裡，種下了蘆筍和地瓜，用自然的農耕法。

這樣的合作看起來很微小，但卻是很美好也很重要。它確確實實可以給村子裡的媽媽或農夫帶來生活的改善。我們正持續運用菜舖子所建立的消費社群，支持並擴大這樣的合作，並把這樣的合作，設計成為山下講堂的學習課程。那已經是一堂村落合作經濟的課，也是一堂生態農耕的課，也會是一堂料理食物的課，養活的豈止是媽媽和農人，還有設計這一切的所有同伴們。誰說，田地不能養活人。

讓村人們回來：農法學堂裡的迎接

在村子，一直是搬入的人少，離開的人多。離開的，大都是年輕人。還是有不少年輕人，喜歡從小長大的家鄉，但是，村子裡都是一般人家，沒有什麼工作。「讓村人回來」一直都是城鄉規劃領域很大的挑戰，因為要讓村落有好的工作

並不容易。於是，我想進一步用菜舖子所建立的社群力量，給好的工作，尤其是年輕人喜歡的。沒有甚麼特別的工作是好工作，喜歡並能溫飽，就是好工作。

許多年輕人來到我的田裡，能愉快和專注種田的不少，我相信農耕應該是他們的好工作。但是如果農耕收成不能換得足夠的錢，來支付學費、健保費、社會保險費等生活基本開銷，那它就不會是個好工作。於是，我在山下講堂裡頭，設計了「農法學堂」，就是要把農耕變成好工作。

這個學堂專門培養厲害的農夫。「厲害」的意思，是容易自足。是生活和種田的金錢需要少，卻能有穩定足夠的收入。學堂教授「自然農耕法」，學會不用肥料與農藥也不太需要除草，讓種田變得投入很少但收成很多。學堂也教授「自然生活法」，農夫不能只是會種田，還要會木工和自然建築、會料理和保存食物等。這是我對學徒的要求，我自己也是這樣的人，確實大大減少了生活上的金錢需要。

在訓練自然生活技能時，我們會仔細觀察並開啟學徒的天賦，我們相信，每一個人都有種田以外的天賦，也就是表現特別突出或特別喜歡的。學堂會找師傅帶領他們創作菜舖子需要的食物或器具，像窯烤麵包或手作豆腐模子，並輔導它們擔任相關生活課程的講師。學堂不僅是教授，學徒學成之後要種甚麼食物或成為甚麼匠師，都和菜舖子消費社群的需要緊密地結合，這樣才能真正支持他們喜歡的工作，能有穩定的收入。

二年前，山下講堂的農法學堂開始招收「學徒」。學徒跟著我學習自然農耕和生活技能，須至少半年的時間。學堂提供了免費的餐食和住宿，讓他們能夠安心的學習。學堂也提供了實習農場，這個農場是菜舖子向村民承租的三甲多地，位於村子外山下休耕地，學徒們在這裡實作自然農耕法。今年其中一個學徒阿瑋成熟了，決定留在村子裡，成為新的村人，真是令人高興。這個時候，學堂會著手下一階段的協助。

我們幫忙租下了村子正中央的一塊田地，也洽租了田附近的屋子，這二件事對於一個缺乏社會網絡關係的新村人來說，很不容易。我們一起討論種植計畫，種下了黃豆，由菜舖子收購所有的收成，他只要安心的種田。阿瑋在接受木工訓練後，確定將木作手工豆腐模子賣給菜舖子的社群，也繼續安排他學習手作豆腐。不久之後，阿瑋不只木工匠師也將是一個手作豆腐的匠師。

於是，一個厲害的農夫，不只很會自然農耕，也會作木工、設計豆腐模子，他還會作豆腐，會蓋麵包窯，這些都是當代生活的時尚，超越了一般農夫的想像。今年，又來一個年輕人，他說他也喜歡作食物，也許，他就是那個麵包師傅。

讓教育變成一種經濟：村落裡的生活課

去年夏天和冬天，我們分別開辦了二場的「村落生活營」。九月開學時，還成立了專為孩子課後設計的「自然生活小學堂」，這些都是以田地和村落的生活為主體所設計出來的學習課程。參與課程都須付費，用以支付講師、餐點、住宿、場地等費用。

課程的設計包含了自然建築、自然農耕、手作食物以及生態採獵四大主題，目的在訓練成為自然的孩子，不僅能喜歡在自然田野裡也能在生活中運用自然資源。我們帶孩子們一起作麵包窯、一起種田、一起採收作果醬、一起設陷阱抓青蛙，把村落裡的傳統生活透過設計，注入知識與樂趣，成了孩子們著迷的課程。課程在田間和村落裡進行，幫忙作餐的媽媽廚娘們及食農教育的農夫講師們，還有設計課程的年輕人，都參與其中。

今年我們開始和村子裡的小學合作，共同開辦了二堂課後的自然生活課。開辦這類課程的過程，都收到了很好的迴響。特別是夏令營和冬令營，很多孩子在生活一個禮拜之後，愛上了村子，捨不得離開，讓我們得到很大的鼓勵。同時，課程的開辦也讓我們有另外一個經濟來源，也就是開創了新的工作機會。

因此，我們決定長期開辦「村落生活營」，將它發展成為村落的重要經濟活動之一，也希望透過這個經濟活動，把村落的文化保存下來，交給孩子們傳下去。

讓 CSA 遍地開花，在每一個村落裡：

我們從一個小小的共同購買，發展成為一種「找一群人，挺一群人」在地的社群支持型農業，再從一個社群支持型農業的組織，進入了村落永續發展的烏托邦。

我們在村落裡，不斷的努力讓土地養活
人，並創造出多元參與的合作性經濟。
這些經驗讓我相信，如果能夠在村落裡
頭發展出屬於自己特色的社群支持型農
業，尤其是支持自然農耕，那麼農村的
發展將會超越農業，各種的小型的關聯
產業將會自然而然的長出來、並且緊密
的鏈結在一起，且公平地讓社會各階層
的人都能參與其中。

我喜歡 CSA 這種農業模式，也喜歡村落
的生活，如果你也是的，請和我一樣，
也下鄉吧。一起讓它遍地開花，在每一
個村落裡。

個案操作 06
臺南市工業創意工作坊

一、工作坊主軸與流程

個案操作 06 以工業為主軸，主要探討 1.「由自造者運動引發的由下而上之工業創新生態系的建構」；2.「永康砲校作為臺南工業轉型創意基地的可能性」。

個案操作 06 成員組成包含：

一、臺南市政府
都市發展局、經濟發展局、文化局、教育局、農業局、觀光旅遊局。

二、學術單位
成功大學、崑山藝文產業創新育成中心以及崑山科技大學。

三、產業界
Makerbar Taipei、臺灣流行時尚產業聯盟、和明紡織股份有限公司、財團法人工業技術研究院、財團法人臺南企業文化藝術基金會、財團法人白鷺鷥文教基金會、臺南文化創意產業園區。

此次會議議題為「工業創新生態系的建構 - 非由上而下的創新，而是透過政府與產業共同創新」

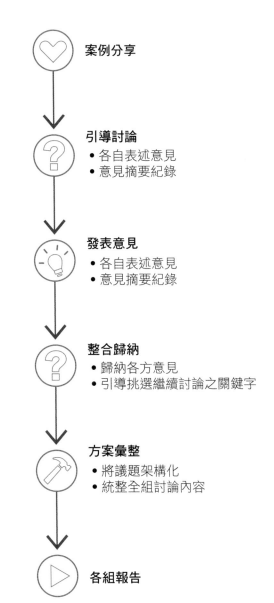

同理心
問題定義
創意發想
原型製作
測試

案例分享

引導討論
• 各自表述意見
• 意見摘要紀錄

發表意見
• 各自表述意見
• 意見摘要紀錄

整合歸納
• 歸納各方意見
• 引導挑選繼續討論之關鍵字

方案彙整
• 將議題架構化
• 統整全組討論內容

各組報告

B組

引導師 助理

C組

引導師 助理

產業創新生態系
(from 2014)

Bottom-up

D組

引導師 助理

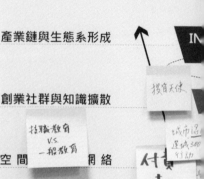

為了使工作坊成員能夠充分了解國外「共同工作空間（Co-working space）」的現況，特別邀請成功大學建築學系鄭泰昇主任以及 Makerbar Taipei 的闞凱宇執行長分享案例，隨後進行分組討論。在分組討論時，各組員可依據前階段的案例分享內容進行創意發想，將各自的意見進行表述，經歸納後將方案匯整，並於最後推派一名代表上台發表，分享所屬組別的創意成果產出。

二、共創工具到成果產出

關鍵字表 II

有別於關鍵字表 I 是透過成員發想、紀錄、累積，最後進行分類彙整成的資料庫，關鍵字表 II 則是先有四個層級的系統平臺架構 (Maker、Co-working Space、Co-creation Community、Industrial Innovation System)，並以此架構引導成員討論、發想、填充，讓供應者與需求者之間產生鏈結並媒合其需求，以創造資訊分享與經驗交流的機會。

行動方案 II

以永康砲校為核心，提出價值定位、特色作法、使用者、誘因等四個面向進行腦力激盪；並於此次成果中初步定調該園區之目標在發展具有跨界、群聚特性與以工業、科技為導向之場域。

思考策略 I_ 以產業、政府、學術進行發想

從「產業」、「政府」、「大學」三大主體思考策略之重點精神，作為臺南工業探索工作坊的發想依據。其成果如下所示：

關於「產業」
1. 既有產業基礎支持
2. 產業資源移轉至城市
3. 垂直性整合

關於「政府」
1. 去除績效文化
2. 增加青年返鄉機會
3. 空間盤點（公有地開放與私有地媒合）
4. 建立局處橫向平臺

關於「大學」
1. DIY 創新
2. 共創學習氛圍
3. 培養多元價值
4. 人才盤點與人才庫建立

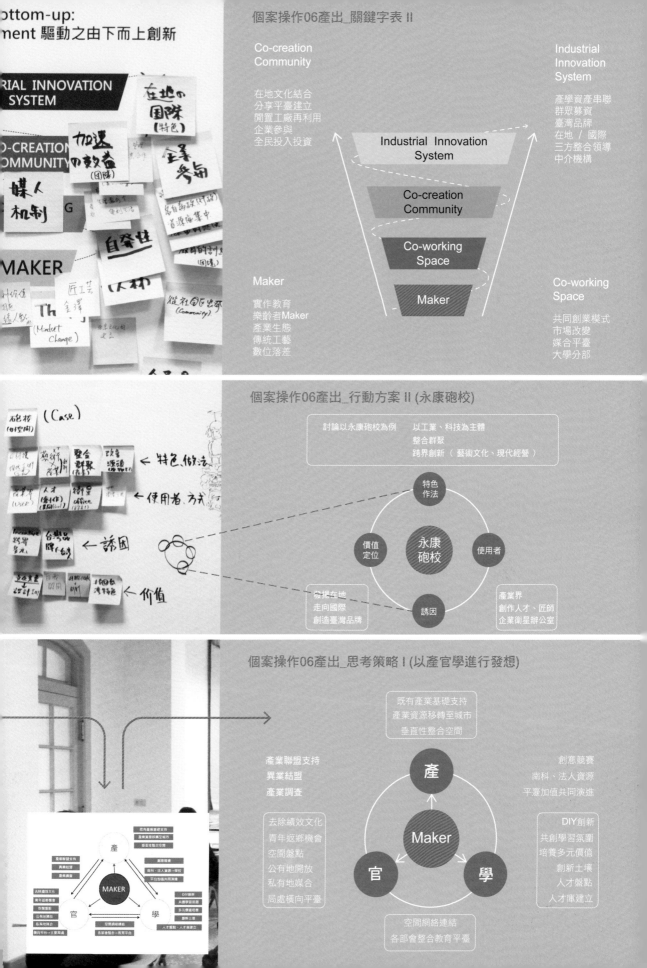

府城

府城

個案操作 06
第一次工作坊
────────────
臺南文化創意產業園區
(照片提供 / 李庭儀)

個案操作 06
第二次工作坊
────────────
C-Hub 成大創意基地

三、場域選定

臺南文化創意產業園區

回應個案操作 06 之議題「工業創新生態系的建構」，第一場工作坊之舉辦選定隸屬於中央政府文化部五大園區之一，並且定位為南部地區文化創意產業整合發展平臺的「臺南文化創意產業園區」，企圖藉由真實的創新產業現場，激發引導師及成員們更多的創意思維。

關於臺南文化創意產業園區：

原臺灣總督府專賣局臺南支局臺南出張所，於民國九十二年（2003 年）5 月 13 日公告為臺南市市定古蹟。本建築為臺灣日治時期臺南支局兩個機構之一，於整修後，成為臺南文化創意產業園區。(資料來源：https://goo.gl/SNCam1)

C-Hub 成大創意基地

個案操作 06 第二場工作坊以 C-Hub 成大創意基地作為活動舉辦之場地，並引入 co-working Space 經營者加入討論，發展以該種空間內容為內涵之文創園區創新執行策略，並擬定創新運作模式，回應該次工作坊主題「永康砲校作為臺南工業轉型創意基地的可能性」。

關於 C-Hub 成大創意基地：

位於臺南市後火車站小東路與前峰路口的 C-Hub 一樓主要作為展覽、工作坊，以及論壇使用，二樓為咖啡休憩區，也是師生與業界社交的場所，三樓亦為展區，除了引進校園與城市中具有創意的團隊，亦藉由半戶外平臺空間舉辦各類實驗性的展覽。

傳產與年輕人過河

學術　成功大學資訊工程系
蘇文鈺　教授

以共同工作空間探討工業轉型的新面貌

FutureWard
產業　林佑澂　創辦人

設計力驅動工業轉型

唐草設計
產業　胡佑宗　總經理

繡hsiu
江珮嘉　創辦人

臺南市政府經濟發展局
殷世熙　副局長

成功大學規劃與設計學院
林峰田　院長

財團法人中衛發展中心
張淑華　總監

個案操作06論壇與會人員及議題

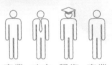

產業　政府　學術　產業

議題 /
探討工業轉型的可能性

四、論壇

個案操作 06 論壇的探討主題為「探討工業轉型的可能性」，針對本次議題邀請 3 位主講人：

・唐草設計
　胡佑宗總經理
・FutureWard
　林佑澂創辦人
・成功大學資訊工程系
　蘇文鈺教授

分別講述「設計力驅動工業轉型」、「以共同工作空間探討工業轉型的新面貌」，以及「傳產與年輕人過河」等主題，並於演講結束後進行座談。

座談的部分以前述演講為基礎展開，引入相關產業界及學術界與談人：

・成功大學
　規劃與設計學院
　林峰田院長
・財團法人中衛發展中心
　張淑華總監
・繡 hsiu
　江珮嘉創辦人
・成功大學都市計劃學系
　陳彥仲教授
・Fandora 映雲科技
　陳俊穎創辦人
・高雄市數位內容
　創意中心
　黃欣婷執行秘書

座談中討論到臺灣有很好的製造技術，如何在這基礎之下思考產業的轉型？其中，如何加值是重要的，而科技的應用以及人的生活型態改變也都是傳統產業轉型所需要思考的議題。

座談中也討論新形態工作需求所衍生的「Co-working Space」共創空間之議題。從政府的角度，可思考如何將公有閒置空間釋出，作為設計師、創業者的共創空間，另一方面則是積極輔導每個產業的領頭羊，作為產業轉型的示範，成功後便可帶動產業鏈結合，逐步擴大串連成新的產業型態。

而在學界部分，則需打造一個創新創意教育的環境，訓練學生「設計思考」的能力，激發學生更多創造力與想像力。

五、論壇演講節錄

傳產與年輕人過河

圖 / 文
蘇文鈺 / 成功大學資訊工程學系 教授

從外移開始

從兩岸開始熱烈交流，首先到大陸去的，我相信以傳產居多，一開始過去的臺商心態多半是希望要利用低廉的人工賺更多利潤。不過也許我們都很難擺脫華人的 DNA，有一個故事是這麼說的：

「第一個猶太人到一個之前沒有猶太人的地區，開了一間理髮店且賺了錢，那麼第二個猶太人來了後會開加油站，若是同樣也賺了錢，後續將跟進更多猶太人，然後把各種民生必需的店一一開起來，大家都有錢賺。換成華人就不一樣了，第一個華人到一個地區後，若是開了一間理髮店賺了錢，那麼第二個華人與之後多數華人來了後，會開一堆理髮店，然後大家開始殺價競爭。」

臺灣人勇於追尋 cost down 的思維，即使是學術界的教授做研究也不例外。原則上，所有的努力都「希望」指向降低成本（也就是 cost down，不管是哪一類的 cost，運算、面積及時間等都算是）的同時，也可以增加效能，這樣子的目標到處可見，我們不能說在 cost down 之中不存在創新的因子。從代工的角度來看，這無可厚非，因為這樣可以降低生產成本，增加毛利。假如你是這種 cost down 技術的全世界領先者，而且其他人要複製的門檻不低，那麼還是可以做到獨步全球。

問題在於，不管加工精度也好，或是 cost down 也罷，假如這種技術是來自其他公司外部設備供應商，或是靠改進流程，甚至壓低薪資（這好像是一般臺灣廠商最喜歡用的招數，反正臺灣太貴就去大陸，大陸太貴就去東南亞，不知道東南亞太貴後，以臺灣這幾年的低薪，是不是該回臺灣？），那麼要複製就簡單了，該買設備的就買設備，該剋扣工資的剋扣，也因為這麼簡單，所以其他人一下子就可以跟上了。臺商會追求代工其實還有另外一個原因，因為代工的利錢多數是可收得到的，但創新或品牌卻不一定，也就是說前者是 sure money，可惜卻不是 easy money。

Cost down 加上殺價，造成利潤越來越低。不只是品牌廠依照製造成本在殺臺商的價，臺商之間互砍應該更兇，君不見許多代工廠為了搶 Apple 的訂單，殺到見骨的狀況年年都上演。最後沒賺到價值，卻只賺到價差。加上大陸的策略是技巧性地強勢引導臺商把技術流出，於是殺價競爭更為嚴重。這個狀況慢慢影響到臺灣，大陸的工資在不斷提高，臺灣的薪資反而下降至連大陸的二線城市都不如，尚能存活的臺商面臨是要把工廠遷入大陸內地還是到薪資更低的國家。

當然，也有少數臺商選擇回臺灣，老實說，臺灣勞工的薪資已經不算高，但是過去臺灣勞工相對素質以及忠誠度都高過大陸勞工許多，即使如此，回臺灣的臺商以及一直留在臺灣的臺商還是迫

於環境與心態，而不願意提高員工的薪資。工廠在臺灣傳產經營者還面臨另一個問題。我們先談完下一個議題後再來討論這兩者的綜合影響。

五年五百億政策的負作用

五年五百億從 2000 年初開始，大量經費補助大學進行學術研究本身沒有問題，但接受補助後要達到的指標設計卻存在問題。五年五百億以 SCI/SSIC 期刊為主要 (甚至是唯一) 標準，再補以 Impact Factor，而且僅以論文的「量」作為績效標準，而不評鑑論文的「質」。

於是，全國大專院校，包含技職體系的老師，不管是自願還是被迫，為了生存與升等，多數忙碌於「生產」論文之中。雖然世界上多數的大學也確實是採用以論文的質與量來做為評鑑老師的標準之一。不過，我們似乎對於真正世界級頂尖大學的教授並不會大量發表文章的事實視而不見。之所以視而不見的背後原因是無奈的，因為臺灣的大學經費來自業界的並不多，多數是仰賴教育部與科技部，當政策如此，學校單位亦無力反對，老師們也只能無奈地努力作文章。

不論是否具創造性議題，所有扎實的研究都需多年的打底耕耘。然而，在重視期刊論文發表的體制中，許多學者為了快速產出成果，多半只改進自己或他人過去的研究，而不需要整個研究重做。或者只執行簡單模擬獲致某種假設的良好結果，對於需要花大量人力與時間的實做，則是避之唯恐不及。老師不重視實做，於是學生的實做能力降低。有電機系的學生不會焊電路，也有資訊系的

學生不會寫程式，還有機械系的學生不會操作車床。這種聽起來很匪夷所思的情況，卻真實地發生在臺灣的一般大學，甚至發生在以學生就業為主要訓練方向的科技大學。

俗話說，考試引導教學。其實，政策引導學術這種看起來不合理的情況卻是常態。當老一輩的人在說，現在的學生怎麼程度這麼差時，其實不能完全怪罪學生，當然也不能完全怪罪老師。因為老師們的壓力不只是論文，還有諸多伴隨五年五百億的行政事務。在老師自顧不暇之下，對學生的關注也就減低。人都有惰性，學生通常不會做老師沒交代的工作，當動手做比不上寫論文重要時，學生也就難以重視實做。

政府其實沒想清楚，並非每一個人都要來做高端的理論或架構的研究，也並非每一個人都可以來做高端的理論或架構的研究。尤其是研究資源不充足的情況下，硬掰出來的高端研究只不過是半吊子，於是多數學生被逼著變成半調子，難怪不僅業界在喊學用落差嚴重，其實學界也覺得研究生的程度一年比一年差，研究題目也離實用越來越遠，因為沒有好的學生，哪來好的研究呢？

這個年代，學校似乎忘了本身最重要的任務是老師把課上好並把大學生的實務功力提升上來，讓他們可以找到好工作。至於念研究所，則非人人都必要，更不是要老師發表很多論文。這一現象對技職體系學校這類原本要培育學生就業的，更顯荒謬。其結果是，學生實務能力差，業界怎會願意給較好的薪水呢？

圖 1. Lulu's Hand 咖啡沖泡濾杯

看似負負負負還是得負的 Deadlock

社會的發展讓學生寧可去服務業也不願意到傳產當黑手。即使願意去，因為能力不足加上廠商的心態，薪資也不會高，因此廠商也找不到好的人才，惡性循環之下就造成目前的困境。不管是在臺南、高雄、嘉義還是其他縣市，每一縣中，傳產工廠的數量其實很多，多數

工廠從過去興盛時期到目前，多數員工數漸減，一般是二十至五十人之間的小型工廠，有的甚至即使廠內機台數目不在少數，卻只剩下父子婆媳幾個員工在撐持。這類工廠的加工技術一般來說其實並不差，但是生產規模不大，生產流程不佳，觀念也老舊，成本也就難以與大陸競爭。主要經營者多數年紀較大，要轉型談何容易，下一代泰半不願接

班，員工也只有少數有接單經營能力，有些之所以勉強支撐是因為員工跟了自己多年，若是關掉工廠，員工馬上失業。陷入這樣子的困境的傳產數以千計，從業人員也以萬計，若是再無有效的對策，接下來的五到十五年間，將會有一波波的關廠潮，到時就是數十萬人的生計會受到嚴重的影響，這個將會造成連帶的社會問題。

可惜的是，政府認為這一小間一小間的工廠所帶來的 GDP 經濟數字指標貢獻不大。因此關注也就不多，即便關注，因為每一種傳產行業都有其不同的問題，相對不容易找到單一的對症下藥方子來解決。但是，若是放任不管，關廠海嘯一來，將嚴重影響臺灣的每一個社會層面。

Lulu´s Hand 的開發與群眾募資經驗開啟的可能

Lulu´s Hand 環保咖啡濾杯的開發其實是個意外。本來這僅僅是個希望帶著學生學習群眾募資平台運作的案子。又因為希望不是以我們的資訊科技專長當做目標產品，於是改用設計類商品，給自己一點離開熟悉與舒適環境的挑戰。然而，在產品的構想與初步設計出爐後，卻面臨找不到供應鏈的問題。也因為如此，才從學術象牙塔走出去，看到傳產面臨的一些問題。

臺灣的傳產加工的功力技術非常好，但是代工經營思維卻很根深蒂固。在尋找廠商的過程裡，我被問到的問題不外乎，將來預計每季的量有多少，預計會生產多久，交期長度，模具與試量產費

用等，讓我無法回答的問題。所以一直碰壁，直到找到一家做腳踏車配件的工廠，才算大致解決供應鏈的問題。

我們的產品本來與這家工廠的本業毫不相干，而且年近 60 的廖先生願意幫忙的原因也跟代工一點關係也沒有。一來，他恰好是精品咖啡的愛好者；二來，我向他提起我的偏鄉程式教育願景，他很願意幫忙；三來，他過去經歷過幾次轉型，目前的業務雖然不錯，但依然在思考未來的新方向，同時也想嘗試一下他沒做過的加工方式。雖然他對群眾募資雖不看好，但是願意了解一下所謂的網路行銷與募資這個新方向。於是，就在這些原因的催化下，開啟了 Lulu´s Hand 的開發之路。

開發過程中，雖然我沒有進到工廠學習怎麼操作機具，不過廖先生盡力讓我了解之中的眉角，也讓我著實理解其中的困難及供應鏈所要投入的心力，更體會了臺灣傳產製造業的功力。

重要的是，當了解我們根本沒有足夠資金來開發這個商品時，廖先生決定當我們正式夥伴並成為 LuLu´s Hand 的 Owner。他投資了約八成的資金，卻願意只佔不到四成的利潤分配，並且願意把整體利潤的兩成永久分給偏鄉程式教育，其他的則分給共同開發者。隨著國內外群眾募資的成案 (FlyingV 與 Kickstarter)，接下來，我們修改產品到可以量產規模，接著找到通路與電商平台來協助發展品牌並且走上商品開發的最後一哩路 (俗稱 Last Mile)。

雖然還沒把投資攤平，未來能不能成功

也還不知道。不過這卻可能是個可以協助傳產供應鏈擺脫低價代工困境的模式，甚至可能幫助年輕人擺脫低薪的魔咒，而進一步幫助更多人。

讓四個世代的人們可以一起過河的過河計畫

廖先生對於當今的年輕人雖然頗有微詞，但他也清楚，臺灣的未來終究還是要交到年輕人手上。而且會有今天的狀況，政府、家長與老師應負最大的責任，雖然他不懂網路與社群到底是什麼，但是他希望讓同業知道這是種能把東西賣出去的方式，並一同參與使用這樣的模式，也希望同業能夠做精品，把眼光看遠一點，不要再搶低價代工的單子。他希望我可以幫忙發展出一套模式，一次可以幫助四代人，包含老一代的經營者，目前在線上工作的員工，已畢業並有創新能力及毅力的年輕人，與還在就學的偏鄉孩子們！

這一兩年來，Kickstarter 有越來越多提案者需要到亞洲來尋求供應鏈。但是即使順利在結案後出貨，因為沒有後續的經營能力，所以無法持續其商業運作。

因此，一個很有用的商業模式應運而生。此種模式是幫助「值得協助」的提案人找到供應鏈，並且利用這個共同平台協助銷售。其背後細部的商業運作雖然未知，但無非開發、代工、物流及管銷等的費用分配。

這個模式對於只有創意卻沒有資金與製造能力的提案開發者來說，無疑是一大助力。目前這已經是一個很成功的商業模式，藉由幫助別人，也成就自己。在當地可取得高品質的供應鏈是在臺灣經營的優勢之一。以臺南而論，鄰近的大學很多，各種專長的人才都有，當然，有創意的年輕人更是不少。若是能結合這些優勢，配合上好的行銷策略，這個環節裡的最後一塊拼圖就能到位。

然而，在臺灣的年輕人即使有創意，卻還是需要協助。因此，過河計畫提供創意發想者提案的平台，當提案通過審查，就藉由平台出面尋找產品與供應鏈，協助他／她進行下一步的開發。

年輕的創意發想者往往只有創意與原型機卻沒有資金，也沒有生產能力。為了實質協助創意發想者，過河計畫規範要求願意投入的供應鏈需出資超過 60%，但是持有的產品後續的利潤則必須低於 50%。平台除了以出資替產品背書之外，也會幫忙尋求其他出資者。重點是創意發想者不必出資，但是持有 10~15%（以上比例都可以視情況調整），條件是其必須與供應鏈共同合作一直到把產品開發出來為止，這有一點類似實習，但是更接近負責產品製造。開發過程並不支付任何薪資而完全由後續銷售來分享利潤。

我們期待的另一個效應是，假如負責產品開發的設計者或是發想者在經過產品開發時間後（通常是半年到一年），與供應鏈若能合作愉快的話，供應鏈應會願意持續把工作委託給前者，更假設前者願意進入供應鏈工作時，供應鏈也會願意付出高薪，甚至有一天可以把工廠經營交接。如此一來，才不至於陷入當前多數廠商找不到接棒人的窘境。

圖 2. Lulu's Hand 製造過程

關於過河計畫的平台，必須是個提倡精品品牌、創新與公益的商務平台，並且教導團隊如何進行社群操作。同時在需要採用群眾募資時也提供上架協助以提高達標成功率、募資金額與產品曝光能見度。

過河平台上所販售的產品利潤，將有20% 捐給偏鄉教育。做為社會企業，所獲利潤將用來支持更多的提案，股東並不分紅。股東的立場都希望透過贊助平台（類似群眾募資的 Backers）來幫助社會。若是股東願意，可優先挑選優秀的提案進行投資，若是進一步在生產行銷等方面協助，則可以因為擁有產品的股份（不是平台股份）而在產品銷售後獲利。讓我們想像過河計畫成功之後，傳產供應鏈因為有了訂單還有接班人而得以延續，作業員因此不致失去工作，年輕有創意能力者有好的工作未來並擺脫低薪，還在就學的偏鄉孩子可以得到更多的教育資源，進而成為將來社會的中堅份子。這是一個讓四個世代的卒子都有機會過河生存下來的計畫。

Lulu´s Hand 團隊在今日的臺灣，不管是在學術界或是產業界，我們的力量都非常渺小。不過，我們卻有改變臺灣的熱情與夢想，而且深信偏鄉即是樂土。未來，在實踐過河計畫的過程裡，還需要大家的幫忙，也需要大家的意見，更需要在過程中修正，正如摸著石子過河。若是您願意幫忙過河計畫，不管是用什麼方式，請不吝與我們連絡。

個案操作 07
臺南市漁業創意工作坊

一、工作坊主軸與流程

個案操作 07 以漁業為主軸，旨在「以臺南沿海地區的文化歷史、宗教節慶、生態保育為內涵，探討如何以『漁業＋觀光』為方向來發展臺南沿海地區的『文化漁業經濟』」。

個案操作 07 成員組成包含：
一、臺南市政府
農業局、都市發展局、文化局、教育局、經濟發展局、觀光旅遊局。
二、學術單位
成功大學、崑山科技大學、臺南市北門區文史工作者，以及臺南鹽分地帶文學工作者。
三、產業界
白鷺鷥文教基金會、田媽媽長盈海味屋、臺南市區漁會，以及臺南市養殖漁業發展協會。

隨後進行分組討論，讓每一組自行交流，並適時地由地方人士或產業界人士提供現況說明，以利激盪出實質且具創意的策略方案。接著進行整合並且歸納出議題架構，並於最終的各組發表中，將成果產

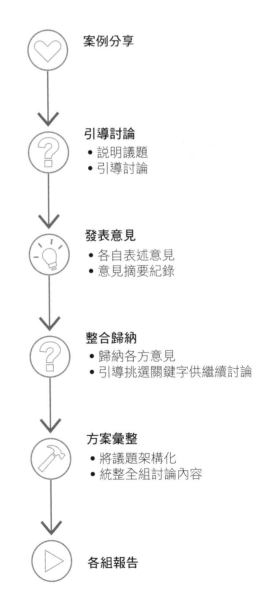

案例分享

引導討論
• 說明議題
• 引導討論

發表意見
• 各自表述意見
• 意見摘要紀錄

整合歸納
• 歸納各方意見
• 引導挑選關鍵字供繼續討論

方案彙整
• 將議題架構化
• 統整全組討論內容

各組報告

♡ 同理心
? 問題定義
◔ 創意發想
⚒ 原型製作
▷ 測試

北門
引導師　助理

將軍
引導師　助理

七股
引導師　助理

出分享給他組成員。

此工作坊延續前次會議成果持續討論如何發展臺南沿海地區的「文化漁業經濟」。由於沿海地區之管轄單位除了市政府之外，尚有臺江國家公園管理處以及雲嘉南風景管理處。為使與會者也能了解該單位對於沿海地區的想法，特別邀請臺江國家公園管理處的黃光瀛課長以及雲嘉南濱海國家風景區管理處的王美欣技正介紹，再進行分組討論。

二、共創工具到成果產出

三方提問

個案操作 07 中的北門組透過現況的分析與提問，分成觀光客、政府、在地人等三種角色進行討論，提出各自觀點後，再進行角色互換之交叉討論，以解決三方之間產生之衝突與矛盾。

思考策略 II _ 以「三生」為思考基礎

核心價值為「平衡」。推行之計畫是否適合在地的人、事、地、物，與在地文化的融合。觀光與漁業

在地

的平衡、在地與外來的平衡、新與舊的平衡都需思考。

以「三生」為思考基礎，在生活體驗、生產消費、生態保育之中，嘗試以展演的方式達到三者的平衡關係。

體驗經濟

體驗經濟之重點為「再訪率」。可與社區民眾合作，帶動整個社區經濟，將在地的精神、文化與習俗傳遞給外來的觀光客，使其了解地方文化，對於再訪率將有所幫助。

政府與在地共同創造體驗經濟，並透過教育及新媒體等方式推廣漁業發展。

個案操作07產出_三方提問

北門組　透過官方、在地及觀光客三方角度進行換為思考及詰問，解決三方之間的衝突及矛盾點。

政府提問	要經營什麼 留下觀光財	觀光客有什麼期待？
	地方資源的整合 官方協助體驗休閒的資訊整合 從上而下蒐集	看見歷史文化信仰 看見生活型態

在地提問	觀光客 想來北門看什麼？	交通問題如何解決？
	北門特殊點 信仰的體驗、特色 觀光財的投資 有沒有更多未發掘的特色讓觀光客知道	公車路線的建立（環狀的接駁） 市府與雲管處討論，決定路線點 地方特色公車，吸引人群前來 （彈塗魚公車、牛車）

觀光客提問	在地人 想發展什麼產業型態	官方要規劃什麼 拉長停留時間
	實際體驗的走訪 願意瞭解在地文化的心態	體驗行程的建立 體驗悠閒慢活的在地生活氣圍 行銷特殊生活型態

個案操作07產出_以「三生」為思考基礎

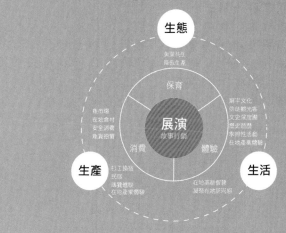

個案操作07產出_體驗經濟

官方與在地共同創造體驗經濟，並透過教育及新媒體等方式推廣漁業發展。

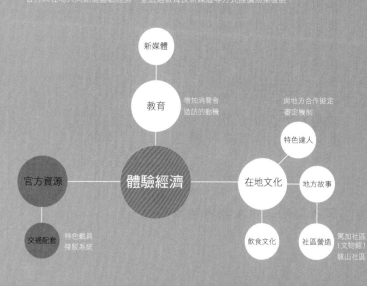

三、場域選定

行政院農委會
特有生物研究保育中心
(黑面琵鷺生態展示館)

個案操作07第一場工作坊回應漁業主題,選定行政院農委會特有生物研究保育中心(黑面琵鷺生態展示館)作為工作坊場域,將引導師與成員們帶入真實的環境現場;有助於同理心之建立與集體討論。

關於行政院農委會特有生物研究保育中心(黑面琵鷺生態展示館):

位於七股鄉黑面琵鷺重要棲息地的範圍內,距曾文溪口舊堤東邊由臺南縣政府設置之黑面琵鷺賞鳥亭與主要棲息地不遠,其地理位置可有效扮演支援與教育的角色。(資料來源:https://goo.gl/JlM4bH)

成功大學
耐震擴建教學大樓 4F 綠色教室

個案操作07第二場工作坊旨在協助臺南市政府各局

人員共同擬定創意方案,因此將工作坊場域帶至成功大學耐震擴建教學大樓四樓綠色教室,提供有別於傳統行政辦公空間的共創環境。

關於成功大學耐震擴建教學大樓:

位於光復校區的成功大學耐震擴建教學大樓,包含建築系及創意產業設計研究所之教學與研究空間,四樓的綠色教室平日除了作為教學使用,也可以做為工作坊之共同創作空間,其使用情境至少包含以下四種類型:01 / 分組討論、02 / 集體討論、03 / 向心型類型、04 / 流動的空間(詳頁 47)。

個案操作 07
第一次工作坊

行政院農委會特有生物研究保育中心
(黑面琵鷺生態展示館)
(照片提供 / 立聯合建築師事務所)

個案操作 07
第二次工作坊

成功大學耐震擴建教學大樓 4F 綠色教室

個案操作07論壇與會人員及議題

產業　政府　產業　學術

議題 /
結合文化、生態、觀光推動臺南沿海區域的文化漁業經濟

鮮饌國際有限公司
吳素雯 董事長

臺南市政府農業局
許漢卿 局長

田媽媽長盈海味屋
黃國良 先生

成功大學生物科技研究所
林翰佑 副教授

漁業轉型．隆順的鮪味無窮

隆順漁業集團
王順隆 董事長

產業

海岸線退縮對於沿岸地區之影響

成功大學水利與海洋工程系
張懿 助理教授

學術

從臺南發展願景看臺南海岸線整體規劃

AECOM
李立人 副總裁

規劃

四、論壇

本次論壇的探討主題為「結合文化、生態、觀光推動臺南沿海區域的文化漁業經濟」，針對本次議題邀請 3 位主講人：

· 隆順漁業集團
　王順隆 董事長
· 成功大學
　水利與海洋工程系
　張懿 助理教授
· AECOM
　李立人 副總裁

3 位分別講述「談漁業轉型 - 隆順的鮪味無窮」、「海岸線退縮對於沿岸地區之影響」，以及「從臺南發展願景看臺南海岸線整體規劃」等主題，並於演講結束後進行座談。

座談的部分以前述演講為基礎展開，引入相關產業界及學術界與談人：

· 鮮饌國際有限公司
　吳素雯 董事長
· 田媽媽長盈海味屋
　黃國良 先生
· 成功大學
　生物科技研究所
　林翰佑 副教授

· 臺南大學
　環境與生態學院
　黃鎮江 院長
· 臺江國家公園管理處
　黃光瀛 課長
· 成功大學都市計劃學系
　張學聖 副教授

臺南漁業與觀光可行的創新思維是本次論壇的核心價值。以下為各界於本次論壇所激盪出的共識：

一、公部門政策層面

輔導漁業升級、串連產業一條龍、推廣臺南品牌、吸引年經人從事漁業。此外，公部門應有五願景：
協力 _ 鄰近縣市合作
富饒 _ 農業特色配套升級
原味 _ 如何展現生活魅力
強韌 _ 氣候變遷的挑戰
看見 _ 國際知名度。

二、教育環境面

以科學方法提供完善的養殖生態環境，追求生態和諧與共榮共生的養殖模式從事養殖經營，並推廣生態教育為全民終生學習，並民眾從生活中珍惜並善用資源。

三、經濟發展

產業應呈現差異性以提高產品價值及建立穩定發展的行銷管道。

五、論壇演講節錄

海岸線退縮對於沿岸地區之影響

圖／文

張懿／成功大學海洋科技與事務研究所 助理教授

臺灣西部沿岸多屬於沙灘與潮間帶地形，或有離岸沙洲將陸地與沙洲間的水域區隔成半封閉水域的「潟湖」。臺南七股潟湖是目前全臺灣最大的潟湖，水域面積約為 1600 公頃。七股潟湖豐富的生態與海岸景觀吸引許多遊客紛至沓來，世代在潟湖養殖牡蠣與捕撈魚蟹維生的漁民提供當地新鮮水產，加上部分漁民轉型經營觀光船筏載客遊湖，潟湖生態旅遊風氣逐漸盛行國內；不僅如此，潟湖與周邊的養殖魚塭提供涵養充足的生物，成為許多候鳥的過冬棲地，屬於世界瀕危物種的黑面琵鷺就是七股潟湖每年冬季造訪的嬌客之一。

七股潟湖美麗的生態風景卻隱藏著沙洲侵蝕與潟湖陸化的危機。潟湖原是三百多年前「台江灣」北部水域，因為河川改道使得台江灣大部分水域因泥砂淤積而逐漸陸化，最終台江灣僅遺留北部水域形成今日的七股潟湖（台江國家公園管理處，2012）。然而，1950 年代後，七股潟湖南側填造海浦地發展漁塭養殖，1970 年代後又因河川上游興建水庫使得河川輸入沿海的沙量減少，近年來則因為港埠建設改變海流，潟湖外圍沙洲高程降低而受到海浪侵蝕，被沖刷的沙泥帶入潟湖導致水域面積縮減並影響當地牡蠣養殖活動與魚類生態 (Lin，1996)。海岸變遷不只是環境與生態議題，更是濱海城市發展與海岸管理不可忽視的焦點，本篇文章即以臺南七股潟湖為例，探討海岸變遷對沿岸生態與人類社會發展的影響。

海岸地形演進

臺南像一個時空膠囊，許多歷史痕跡被保存下來散落在古城裡。走進臺南市區民權路與康樂街口的風神廟，仰望廟前

圖 1. 臺南市風神廟接官亭現況

圖 2. 1777 年清代臺灣知府蔣元樞之重修圖說（翻攝自臺灣歷史文獻叢刊 - 重修臺郡各建築圖說）

接官亭石坊碑文，乾隆四十二年吉旦的字句仍然清晰可見（圖 1）。翻閱清代臺灣知府蔣元樞撰寫的「重修臺郡各建築圖說」（臺灣銀行經濟研究室，1994），二百三十年歷史的石坊是清代臺南府城官員為了送迎福建省官員而興建，當時石坊前是條行舟頻繁的水道（圖 2），是接待自鹿耳門上岸轉乘小船進入府城官員的前哨碼頭，也是臺南舊有內路商港「五條港」當中的「南勢港」。原是船舶往返大陸與臺灣的水道，如今卻是觀光客造訪踩踏的街道。臺南海岸地形鮮明對比的變化主因是舊曾文溪自 17 世紀以來多次改道，出海口原位於嘉義臺南交界，改道後出海口向南遷移，台江灣南方的水域因泥砂淤積導致港道陸化，過去行舟的河港才會變成今日繁榮的街道，而台江灣北方遺流的沙洲便造就今日的七股潟湖與北門潟湖。

再將時間縮短到過去一百年，20 世紀後七股潟湖沙洲仍是向西延伸，然而，

1950 年代後沙洲卻逐年向東（陸側）推移約 1 公里。分析我國福衛二號衛星影像所拍攝潟湖南端頂頭額沙洲發現，2009 年 9 月（圖 3）時的沙洲形狀對比於 2012 年 5 月（圖 4）時稍有不同。1997 年沿著沙洲西南側建構的離岸堤護岸工程似乎發揮作用，白色前頭處的沙洲於 2012 年的面積增加並與離岸堤相連；然而，原本於 2009 年，北側清晰可見的小區塊沙洲（圖 3 紅色箭頭）卻於圖 4 之 2012 年 5 月的衛星影像中消失（衛星拍攝時皆為漲潮）。換言之，19 世紀前的臺灣西南沿岸長期以來應屬向西擴張的演化過程，但近一百年來卻轉為向東侵蝕的型態，尤其沙洲短期的變化速度更難以忽視。

何以頂額沙洲的南側增加而北側消失呢？沙灘或離岸沙洲形成是海洋懸浮物質沈降與沖刷之間動態平衡的結果，當沈積速度大於沖刷便會形成沙灘或沙洲，反之沙灘或沙洲則會逐漸被海浪侵

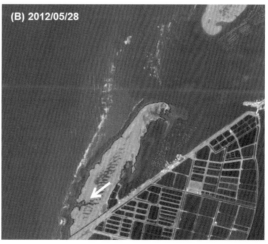

圖 3. 福衛 2 號衛星於 2009 年拍攝七股潟頂頭額沙洲影像　　圖 4. 福衛 2 號衛星於 2012 年拍攝七股潟頂頭額沙洲影像

蝕。以頂頭額沙洲為例，北側小區塊沙洲並非真正消失，而是向潟湖內漂送成為潟湖淤積陸化的肇因。南側的離岸堤改變原有沈積物的收支 (sediment budget)，海水中的沙粒因離岸堤作用而沈積，因此，原受潮汐及海流向北輸送的沙源減少，又因河川水庫攔載入海泥沙，導致北測沙洲侵蝕速度大於沈積速度，沙洲被海水沖刷便得高程逐漸降低，如此一來，海浪暴潮就可越過沙洲將泥沙帶入潟湖。沙洲西側被侵蝕後又在東側重新堆積，沙洲便像「滾動式」的向陸地移動。北門潟湖沙洲乃至嘉義外傘頂洲皆呈現東移的變化趨勢。

許多調查研究指出，離岸沙洲高程降低與東移肇因有三：一、河川上游興建水庫減少河川入海之砂源，二、海岸港埠興建與海浦地開發阻斷南北向的海岸輸砂，三、沙源不足導致沙丘高程下降，抵擋暴潮越洗能力降低，最終大量泥沙逐漸被海浪沖帶進入潟湖內，導致沙洲向陸側遷移潟湖因而淤淺 (Lin,1995；吳等，2012)。人為與自然天氣影響已然成為臺灣西部海岸地形變遷主因。

海岸變遷的影響

海岸變遷是維繫濱海城市居民生活與社會發展的自然驅力。七股居民早期仰賴潟湖中的野生魚蝦為生，1950 年代後，牡蠣養殖興起，潟湖南側則填造海埔地劃設魚塭發展魚類養殖，鮮蚵、虱目魚及吳郭魚就是七股居民引以為傲的特色三寶。時至今日，水產養殖仍是維繫七股社區發展的重要經濟活動。潟湖周邊村落漁民多數於潟湖中以竹棚牡蠣養殖為業 (圖 5)，養殖的牡蠣吸引許多魚蟹類聚集啄食或躲藏其中，漁民便於牡蠣棚架周邊架設小型定置網捕撈魚蟹增加收入。1990 年代後，則有牡蠣養殖漁民轉型經營觀光管筏，提供遊湖登島活動，加上鄰近的紅樹林與濕地生態，人與環境融合成一幅動態的漁村風情畫，吸引國人前來觀賞，生態旅遊逐漸成為七股地區水產養殖外的重要經濟活動。

2001 年，潟湖牡蠣養殖面積為 1200 公頃，2013 年卻下降至 850 多公頃，養殖面積約減少三分之一。養殖面積縮減原因就在於沙洲逐年被海水浸蝕，而泥沙被潮汐輸送至潟湖內，造成潟湖逐漸淤淺而將許多牡蠣棚架埋沒於沙中 (圖 6)，導致七股地區的牡蠣產量與產值大幅滑落，使得仰賴七股潟湖相關漁撈產業的漁民生計受到影響。不僅如此，潟湖南側的海埔地魚塭也受到影響，對比衛星影像可以發現，2009 年，曾文溪口北側的魚塭 (圖 7 紅色箭頭) 於 2012 年時已經消失 (圖 8 紅色箭頭)，然而，出海口西北方的新浮崙沙洲面積則明顯增加 (圖 7 與圖 8 白色箭頭)，區域海岸變遷對漁村經濟產業的影響可見一斑。

潟湖是河川淡水注入與海水交匯的水域，來自陸地的有機物質提供海洋藻類生長所需，繁盛的藻類便吸引小型浮游動物及更高生態能階的攝食者，造就了豐富的生態系，七股潟湖又因為牡蠣養殖，許多魚類便選擇在潟湖裡產卵，好讓孵化出的小魚得到充足的食物與躲避天敵而提高存活率。潟湖的存在成為沿海地區魚類重要的產卵與哺育棲地，據估計潟湖的漁獲量是熱帶河口以及珊瑚礁區產量的數倍到 45 倍 (邵和林，1995)。潟湖與漁塭環境每年也吸引許多

圖 5. 七股潟湖插棚牡蠣養殖

圖 6. 牡蠣棚架被泥沙掩埋

候鳥造訪，科學家曾於潟湖內紀錄到 34 科 121 種的鳥類，包括東方白鸛、黑面琵鷺及黑嘴鷗等度冬鳥，是重要野鳥棲地（台江國家公園管理處，2011）。

文獻指出 1995 至 1998 年的調查中，七股潟湖的魚類紀錄有 46 科 111 種，其中有 87% 的種類為過境魚種（Kuo et al., 2001），也就是大多數的魚類進入潟湖是為了繁衍後代，而在此出生的小魚成熟後便向外海洄游，因此，潟湖生態的穩定攸關鄰近沿海魚類的生物相與族群數量。然而，2011 年的調查則記錄到 44 科 92 種魚類（台江國家公園管理處，2011），魚種數量似乎有減少趨勢。科

學家雖還未找出魚類減少原因，但更重要的是，研究數據在於提醒大眾重視潟湖生態面臨的危機，因為潟湖生態的健全與否將擴及沿岸漁業資源的穩定。

海岸變遷因應對策

為了維持潟湖現狀，政府每年投入鉅額經費與大量人力，進行航道疏浚及施作護岸工程，然而，人為減緩沙洲侵蝕仍趕不上淤積的速度。沙洲或海岸侵蝕的情形遍及全球，尤其美國東岸 86% 的沙灘與沙洲都處於侵蝕狀態 (Zhang et al., 2004)，臺灣綿長的海岸自不例外。1990 年代以來，各國致力於倡導海岸永

圖 7. 福衛 2 號衛星於 2009 年拍攝曾文溪河口影像

圖 8. 福衛 2 號衛星於 2012 年拍攝曾文溪河口影像

續發展的理念，但無論是採用硬式的消波工程或者軟性護灘措施，失敗的案例比比皆是；紐西蘭瓦克灣 (Hawke´s Bay) 的硬式護岸工程多年後仍被海浪侵蝕毀壞，而臺灣每年在颱風季節過後也會發現多處海岸的消波塊被沖毀而須要再添置新石塊。工程效果有限的原因在於，硬式消波工或離岸堤在建物主體發揮局部成效後，常會在工程遠處發生侵蝕，尤其港埠興建完成後會出現海堤一側淤積而另一側侵蝕的現象（圖 9），這是突堤效應改變了海水中懸浮物沈積與輸送平衡所造成。所以，保護海岸不再只是單純的工程問題，港埠開發或是近岸河川上游興建水庫，往往改變海流或減少陸源泥沙而造成鄰近海岸侵蝕。如果沒有全盤檢視海岸侵蝕的原因，投入再多的護岸工程其成效仍將受限。

考量潟湖與沙洲對每岸地區的功能與重要性，保護海岸的措施仍有其必要，但究竟如何才能維護海岸或潟湖沙洲呢？雖然現行多數護岸工法成效仍然有限，但軟性工法應是優先考量的措施。以天然材料及非永久性工法施作，例如編籬定砂、竹樁消波、海砂固定袋與地工沙腸袋等保護工法，是目前對環境較有善的措施，即使工法成效有限卻可避免對周遭海岸造成負面影響。

圖 9. 港埠突堤效應實例

再者，減少人為對海岸的開發行為更為重要，近年來許多開發案在東部或離島的海岸上肆意進行，對海岸原始地貌的破壞可想而知。2015 年 1 月 20 日「海岸管理法」正式通過，是國內海岸保護重要的里程碑。內政部將劃定海岸地區範圍，並且實施「整體海岸管理計畫」，海岸保護區的私人開發將嚴格受限，雖然如此，公共設施或公用事業仍可妥適納入，若開發無可避免，環境友善的設計與嚴謹的環境影響評估應是未來海岸公共建設施行的重要依據。

海岸變遷與漁村發展

從區域發展的角度而言，潟湖除了維繫當地生態的穩定外，潟湖可以儲納陸地間歇大量排水，外圍的沙洲還可以消弱颱風暴潮的破壞，潟湖就是於濱海城市防洪與抵禦風浪侵襲的緩衝水域。以七股潟湖而言，海岸與生態的改變，使得原本以生產為導向的漁村經濟模式逐漸式微，加上養殖從業人口減少與高齡化，七股漁村發展逐漸受到侷限。

1995 年後，七股地區居民籌組多個社區發展組織進行社區營造，利用彩繪與裝置藝術的手法，讓原有荒置的空間呈現活潑景象而又保留漁村特色，社區志工也提供漁村導覽服務（圖 10 及圖 11），加上潟湖觀光船筏以及烤蚵活動特色，國人造訪七股周邊漁村人口逐年增加，隨之而來的人潮便帶動當地餐飲與觀光產業發展。現今七股潟湖的自然景色與人文采風，不只是自然演化的結果，更是歷經工業開發與環境保育衝突下留存的心血。1990 年代，七股部份濕地及魚塭因將規劃為工業區發展石化與煉鋼產業而面臨生存危機，在當地區民及環保團體極力奔走下，終於在 2006 年 10 月由內政部決議廢除工業區開發案，並成立「黑面琵鷺保育中心」，七股濕地才

圖 10. (左) 及圖 11. (右) 臺南七股龍山社區發展協會與學術單位舉辦之環境教育活動 (圖片來源 : 臺灣地球觀測學會)

能保留珍貴的生態資源，成為推動生態保育及海洋環境教育的重要基地。

漁村發展不僅受到海岸變遷的影響，經濟發展改變河口環境也是一大隱憂。曾經被工業污染而喧騰一時的二仁溪，近年來已鮮少受到社會關注，卻有一群當地居民成立社區發展協會，默默的推動河川淨化十餘年，居民自行設計施作的白砂崙人工濕地，讓消失已久的招潮蟹與彈塗魚再度回到二仁溪畔 (圖 12)，細心維護的紅樹林也成為遊客驚訝的綠色隧道 (圖 13)。居民們深信，河口是哺育眾多魚類的重要棲地，回復河川的清淨是重建漁村經濟的重要關鍵，推動過程雖然辛苦，但也漸漸帶動地方居民對環境保育的重視，同時也提供了外地遊客寓教於樂的造訪去處。更重要的是，二仁溪的重建案例應該成為政府擬定經濟發展或海岸開發政策前的歷史殷鑑。工業發展帶來的利益是否能為全民共享，又或是帶給當地難以回復的破壞呢？看到當地居民積極投入河川淨化的成果，不禁讓人反思，在臺灣土地生活的你我也應該盡一份對環境友善的社會責任，除了養成良好的環保習慣外，參與親子環境教育活動更是鼓勵與支持漁村發展的積極作為，讓下一代體驗臺灣特有漁村文化的過程中，建立正確的生態保育觀念和敦厚的社會關懷。

圖 12. (左) 及圖 13. (右) 二仁溪河口白砂崙自然濕地實景

結語

海岸變遷或許是大自然不可逆的演化過程，但海岸地區或河川流域開發可能改變海岸地形的發展趨勢，尤其港埠結構物最容易造成短期海岸變化。在國家經濟發展政策與區域自主的矛盾下，究竟經濟發展與環境保護該如何決擇呢？

生活在四週環海的臺灣民眾，應該認識並瞭解濕地生態的重要性，如果自私的以人類利益為考量，海岸或濕地對人類的益處並不亞於工業創造的經濟效益，如同潟湖提供的生態服務與洪水調節功能，是人為措施難以比擬的。

如果考量經濟現實與環保理念，保全自然地景原貌應是首要考量準則，因為經濟發展或許著眼於未來的數十年，但古蹟與地景的形成卻要上百年甚至千年，如果以時間成本為量測單位，改變自然地貌的開發行為是否應該妥協呢？

從 17 世紀荷蘭人興建的安平古堡到明清時期保存至今的赤崁樓與孔廟，古蹟不只是臺南的觀光資源，更是催化臺南三百年文化采風的自然元素。親身體驗與歷史回溯可以讓現代人感受百年前地景風貌造就區域發展的脈絡，豐富的歷史才是臺南意象的新美學。更應該思考的是，在工業發展之外，結合生態體驗的環境教育或許有機會成為另一種產業發展的契機。

參考文獻

台江國家公園管理處，2011。台江國家公園及周
　　緣地區重要生物類群分怖及海岸濕地河口生
　　態系變遷，台江國家公園管理處委託研究報
　　告。

台江國家公園管理處，2012。台江國家公園自然
　　地景資源調查，台江國家公園管理處委託研
　　究報告。

邵廣昭、林幸助，1995。曾文溪口海岸地區陸海
　　交互作用。國科會八十四年度環發計畫成果
　　發表會論文摘要集，臺北，346-353 頁。

吳盈志、劉景毅、黃翔瑜，2012。七股潟湖沙洲
　　地形變遷之研究，第 34 屆海洋工程研討會
　　論文集，國立成功大學。

臺灣銀行經濟研究室，1994。重修臺郡各建築圖
　　說。臺灣歷史文學叢刊。

Komar PD. 2010. Shoreline evolution and
　　management of Hawke´s Bay, New
　　Zealand:Tectonics, coastal processes, and
　　Human Impacts. *Journal of Coastal Research,
　　26(1)*, 143-156.

Kuo, SR, HJ Lin, and KT Shao. 2001. Seasonal
　　change in abundance and composition of fish
　　assemblages in Chiku lagoon, southwestern
　　Taiwan. *Bulletin of Marine Science, 68*, 85-99.

Lin, JC. 1996. Coastal modification due to human
　　influence in south-western Taiwan. *Quaternary
　　Science Reviews, 15*, 895-900.

Zhang, L, BC Douglas, SP Leatherman. 2004. Global
　　warming and coast erosion. *Climate Change, 64*,
　　41-58.

個案操作 08
臺南市創意規劃工作坊

一、市長會議與方案選定

本專案執行團隊經過前述個案操作 05-07 的累積之後，將成果整理成規劃方向，並於 2015 年 1 月 19 日由白鷺鷥文教基金會陳郁秀董事長向賴清德市長簡報。市長決議後作為各產業的創意規劃方向。

以專案執行團隊所提出的計畫方向為基礎，由都市發展局、農業局、文化局、經濟發展局、觀光旅遊局與教育局等六局局長共同決定政策計畫及其子計畫。

工作坊會前會

由引導師說明各局局長選出的方案目標。透過各組對子計畫的討論後，各局提出對於各計畫，所屬單位可提供的資料內容。除作為各局自身的資源盤點外，也作為工作營討論的基礎資訊。

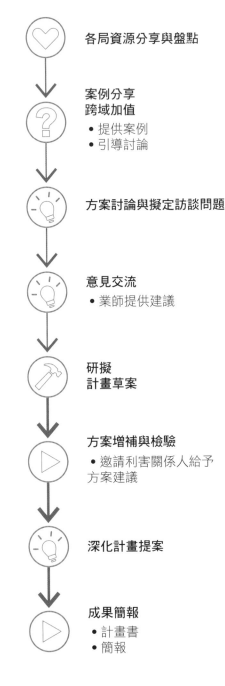

同理心

問題定義

創意發想

原型製作

測試

工作坊
第一天

工作坊
第二天

各局資源分享與盤點

案例分享
跨域加值
• 提供案例
• 引導討論

方案討論與擬定訪談問題

意見交流
• 業師提供建議

研擬
計畫草案

方案增補與檢驗
• 邀請利害關係人給予方案建議

深化計畫提案

成果簡報
• 計畫書
• 簡報

引導師帶領成員資源分享與盤點，並透過案例分享引發成員討論。

引導師

助理協助各組成員將提案視覺化，建立共創平臺。

助理

專案執行團隊安排業師提供各組專業諮詢。

業師

產業利害關係人給予更貼近真實的回饋。

產業

政府決策者給予政策執行層面之建議。

政府

第1組
農業

休憩角

二、場域選定

個案操作 08 選定 C-Hub 成大創意基地作為活動場地，其空間使用在本次工作坊中具備 4 種情境：情境 01_ 分組、情境 02_ 休憩角、情境 03_ 集體活動、情境 04_ 偶發事件的容納。

情境 01 / 分組

個案操作 08 總計分成 3 組，第 1 組 (農業)15 人；第 2 組 (漁業)10 人；第 3 組 (工業)9 人，分別依附於 C-Hub 的三向牆面，是一種互不干擾，卻又能了解彼此進度的空間狀態。

情境 02 / 休憩角

在 C-Hub 中亦設置一處休憩角，提供簡易餐點、交流與休息使用。

情境 03 / 集體活動

集體活動之情境往往發生於開幕、階段性分享與工作坊最後的成果簡報，是一種群體共享的空間類型。

情境 04 / 偶發事件的容納

C-Hub 作為公共開放的工作空間除了滿足工作坊的作業空間需求外，對外亦採取開放的態度，歡迎訪客的臨時到訪與偶發性的參與，提供更多創意激發的機會。

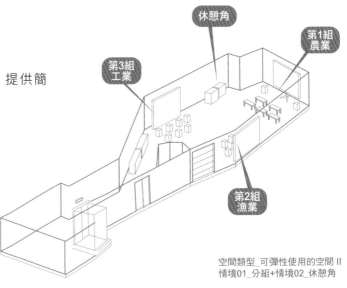

休憩角
第3組
工業
第1組
農業
第2組
漁業

空間類型_可彈性使用的空間 II
情境01_分組+情境02_休憩角

第2組
漁業

第3組
工業

第2組
漁業

第3組
工業

休憩角

第1組
農業

空間類型_可彈性使用的空間 II
情境03_集體活動

空間類型_可彈性使用的空間 II
情境04_參訪的涵容

三、關於物件

本次工作坊涉及三種類型的組合家具及共創工具，包含：

1. 可移動類型
積木家具、可移動的討論面板、可移動的工作桌。

2. 情境塑造類型
沙發、造型掛燈、造型立燈。

3. 高效率科技類型
手邊的科技工具(智慧型行動電話與平板電腦)、筆記型電腦。

（1）積木家具

模矩化的積木家具，可直立成臺面或橫擺成座椅，並因應檯面需求大小並列排置。

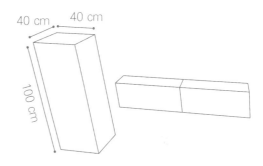

（2）可移動的討論面板

可以移動、自由佈署的可重複書寫表面，亦適用於張貼版面及便利貼。

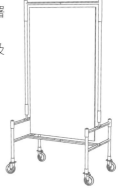

(3) 可移動的工作桌

除了作為個人作業臺面，也可快速群組成集體工作平臺。與工具箱 (頁 42) 合併使用則成為工具推車。

(4) 沙發

可置於共有工作空間休憩角，透過物件材料與造型改變使用者的姿勢及心理狀態，進而誘發社交、休憩等活動。

(5) 造型掛燈

大型造型掛燈，除了具備照明作用外也擔負起創意空間型塑的角色，其設計概念亦可作為創意思考案例。

(6) 手邊的科技工具

智慧型行動電話與平板電腦在工作坊中能扮演即時記錄 (拍照、錄音、錄影) 與分享的角色，亦能快速進行資訊搜尋或透過辨識、翻譯等 APP 提高作業效率。

(7) 造型立燈

氣氛塑造者，可透過立燈造型、燈光顏色 (白光或黃光)、光線強度 ... 等即時改變空間氛圍。

(8) 筆記型電腦

在集體共創作業中，提供高機動性、高效率與高細緻度的作業生產工具。

專案計畫參、臺南市產業創意行動論壇與規劃設計工作坊反思與回饋

一、關鍵點

經臺南文創大道與願景臺南兩次行動論壇，臺南市政府已逐漸熟悉以行動論壇模式討論政策與計畫；加上，賴清德市長聽取文創大道案成果報告後，即將2014年訂為「創意產業年」。因此，由都市發展局主動開案，經評選由成功大學劉舜仁老師率團隊辦理「產業創意行動論壇」。

由於本次計畫主題為我長年關照的創意產業議題，且實施範圍擴大到整個大臺南市，產業面向也擴及農業、漁業與工業等領域，屬完整的城市經濟產業規劃案，對臺南市整體建設極為重要，因此以白鷺鷥基金會名義加入共同主辦，共同為臺南市的產業發展，貢獻棉薄之力。

（白鷺鷥文教基金會 董事長 陳郁秀）

2013年執行「新世紀臺南文創大道行動論壇」，初次將設計思考的操作方式作為政策研擬的工具，市府官員在經過該次的操作後，已對於設計思考的操作方法較為熟悉；而在2014年的「願景臺南」讓升格為直轄市後的臺南，以國際的角度來探討大臺南的整體發展。

2015年的「產業創意行動論壇」則是集結了前兩年的經驗與成果，並以都市整體發展的前提下，從產業的創新出發，再次以設計思考的方法進行產業政策的擘劃。

在前兩年的基礎下，本案針對操作內容進行修正，也邀請產業界共同探討，以求整體政策規劃更貼近產業現況以及未來可執行性。

（C-Hub 成大創意基地 執行秘書 林珊）

二、具有突破性的事

這個產業創新規劃案的主辦單位，跳脫傳統由經濟或產業發展機關主管，以及現今文化創意產業由文化單位主政的思維，責由都市發展局主導，和我一向主張以國土規劃的高度看待文化創意產業的觀念一致。

從空間的面向爬梳在地地理特色、自然物產、支援系統與人民的生活型態，才能創造與深根可行且永續的在地性產業與規模。而論及產業，則涉及相關的利害關係人與產業鏈，如漁業，和漁民、盤商以及在地產業或社區組織息息相關，都必須聽取與協調相關意見。

因此，本次行動論壇的參與者，已從公務員與學者專家，擴及到實際從事農業、漁業和工業等相關廠商、組織與從業人員，過程更加的複雜與繁瑣。

（白鷺鷥文教基金會 董事長 陳郁秀）

「產業創新行動論壇」一開始的工作會議即邀請產業一同參與，打破以往政府單一面向制定產業政策的做法，讓政府及產業透過設計思考工作坊充分交流，也提出自己的想法，此為本案具有突破性的事。即使未能在現行計畫中做改善，本案也提供公部門在未來與產業界溝通時的新作法。

（C-Hub 成大創意基地 執行秘書 林珊）

三、困難點

各別產業不論是農業、漁業或工業都各有其專業性、在地性與差異性，政府行政部門參與人員較難以跨領域思緒提出具體的意見。而受邀參與的在地組織或從業人員較少參與類似的討論會，雖經導師與助理指導與引領，但仍難避免產生各發己見或淪為互相發抒昔日不滿情緒的情事。

另外，本案的成果將成為臺南市政府未來具體實踐的計畫，因此需更多的時間與場合向賴市長，幕僚單位以及相關業務主管說明，獲取意見或支持，方能達到納入施政計畫推動的效果。因此，本案堪稱是經多人秉持決心與耐力，共同努力的成果。

（白鷺鷥文教基金會 董事長 陳郁秀）

本案探討的範圍為整體大臺南地區，尺度遠大於文創大道，而產業的類別，即使已分類為「農業」、「工業」與「漁業」，但依然無法囊括全部的產業。在執行上，僅能挑選具代表性的產業類別進行探討。

另外，產業發展非從單一面向的改善即可獲得解答，產業政策的研擬與執行還需地方政府與中央分工合作之外，原本的產業有其牢不可破的利益結構，短時間內要鬆動原本的利益結構有其困難，因此在探討的議題中，僅能朝較具發展性的方向進行。

（C-Hub 成大創意基地 執行秘書 林珊）

四、最具價值的地方

「產業創新行動論壇」最終完成三大方案，22 項子計畫納入施政計畫實施，也開啟政府與民間（尤其是利害關係人）共創施政政策的溝通模式。

這種共創政策模式，其過程包括初期的議題研析，以及最核心的行動論壇執行，集結行政部門內部共識、外部專家學者意見與政策關係人的整合意見，並經政策決策者與執行者的認可與支持。相較 i-voting，行動論壇產生的政策方案與實施計畫，提供許多資訊與知識，除更具政策說服力、可行性與有效性，也可提供與培養文官體系相關政策的辯

證與辯護知識與能力，促進公務員更有
自信心推展業務，提升執行率與效果。

(白鷺鷥文教基金會 董事長 陳郁秀)

在以往產業政策的研擬與執行分別由不
同局處個別進行，本案透過設計思考的
操作，打破局處的隔閡，重新探討產業
政策。

在最後的設計思考工作坊時，可看見各
局處的同仁不分你我的一同思考臺南市
的未來，並提出具執行性的計畫內容，
可為本計畫最有價值的地方。此外在執
行本計畫後，也讓各局的資訊流通更順
暢，有助於未來各類政策的研擬，是本
計畫另一有價值的地方。

(C-Hub 成大創意基地 執行秘書 林珊)

五、其他值得分享

成大執行團隊除在執行上展現創意思維
與策略外，在成果報告書上也發揮創
意。報告書分為兩本，以半頁透明夾合
輯成套，方便閱讀與收藏，且除內容詳
實、豐富、具系統與條理性外，從封面
到內頁，不論色彩或美編均展現美學與
創意。書中，圖文並茂，其間又以漫畫
式圖片與對話，活潑的表現嚴肅的討論
過程與內容，令人不禁莞爾，是坊間難
得的政府研究案出版品，足堪稱典範與
佳作。

(白鷺鷥文教基金會 董事長 陳郁秀)

肆、營造友善黑面琵鷺魚塭棲地保育品牌行銷暨社會企業推動計畫

個案操作 09
「黑琵牌」友善養殖與創意推廣工作坊

一、工作坊主軸與流程

個案操作 09 目標有三：(1)「黑琵牌」友善養殖理念推廣；(2) 建構臺江地區友善養殖可行之經營模式；(3) 臺江友善養殖理念後續推動之策略規劃。

105 年 6 月舉行本計畫第一場工作坊，以在地社區與漁民為主要邀請對象，討論社區共營友善品牌的可行性。

後續舉辦一系列推廣活動，包含跨界活動：《吃虱目魚的十種態度》跨界推廣系列活動、《從產地到餐桌》校園推廣分享活動與臺北展售系列活動。

最後則於 105 年 12 月舉辦第二場工作坊，以邀請生態、水文、鳥類、養殖環境、濕地等專家學者為主，討論友善養殖後續發展的可行性。

於第二次工作坊結束後，另外安排午茶會，讓專家學者與在地養殖產銷班代表會面交流，為下一階段的計畫暖身。

同理心
問題定義
創意發想
原型製作
測試

工作坊
第一階段
工作坊
第二階段
工作坊
第三階段

2016年6月
第一次工作坊
• 七股共創環境友善養殖品牌與合作模式
• 業者與民眾集體共創

2016年08-09月
跨界活動：《吃虱目魚的十種態度》跨界推廣系列活動
• 5場跨界推廣活動

2016年9月
教育：《從產地到餐桌》校園推廣分享活動
• 臺灣北、中、南三所餐旅專業之指標大學
• 臺南地區高級中學

2016年09-11月
展售：臺北展售系列活動
• 2016濕地市集嘉年華
• 神農市場 MAJI Food & Deli - 黑琵牌推廣企劃

2016年11月
參訪：臺灣西南沿海參訪活動
• 雲林口湖鄉成龍溼地
• 嘉義布袋邱家兄弟

2016年12月
第二次工作坊
• 「黑琵牌」認證條件
• 專家工作坊

第一次工作坊
策略1：南大西校區示範區營運模式建立

引導師 助理

第一次工作坊
策略2：七股友善黑琵水產品牌
發想與夥伴尋覓

第二次工作坊
專家工作坊

引導師 助理

關於工作坊

本次個案操作總計進行兩場工作坊。第一場工作坊在 6 月 13 日 (星期一)，於七股十份社區的漁民活動中心舉辦，主題定為「七股共創環境友善養殖品牌與合作模式」。

工作坊主要目的有三：1. 與權益關係人建立信任關係、2. 於友善環境養殖的議題尋求社區認同、以及 3. 開展在地環境教育場域。

參與者分為兩組，分別針對「南大西校區示範營運模式建立」和「七股友善黑琵水產品牌發想與夥伴尋覓」兩行動策略進行討論。

第二場工作坊的執行基礎在於現階段欲發展「黑琵牌」認證的文蛤養殖，在企業端已有全聯福利中心表示高度興趣，同時在生產端亦有七股地區第 6 產銷班與第 9 產銷班願意配合，以為其水產品加值。然而臺江尚未建立「友善黑琵養殖」的定義，作為「黑琵牌」認證的條件。

因此，第二場工作坊定位為專家工作坊，透過工作坊建立一跨領域的討論平臺，以「黑琵牌」認證為前提，邀請不同領域的專家 (包含水產養殖、生物及鳥類研究、水資源管理與濕地生態等) 參與，共同討論所需之基礎資料、調查分析與研究計畫。

二、衍伸與差異

GIS 空間套圖

黑面琵鷺度冬時間與虱目魚養殖在時間上兩者可以相互對應，符合以魚塭休養期間作為黑面琵鷺覓食環境的條件。然而，七股臺江地區目前的淺坪魚塭大多以文蛤養殖為主，虱目魚養殖主要分布在較內陸地區，且多為深坪養殖。

根據訪談，若要使黑面琵鷺感到安全，人類距離鳥至少需 100 公尺，估算後得知若要以單一魚塭作為黑面琵鷺的覓食場域，至少需 4 公頃的面積。

回顧臺江國家公園原本設計的「黑琵牌」認證標準，提出若漁民願意將 1/10 的魚塭改為友善環境養殖，因此單一養殖漁戶需達 40 公頃養殖面積，才可能同時達到認證標準又能提供足以吸引黑面琵鷺前來覓食的環境。

右圖為現況魚塭分布圖，不同顏色表示不同的養殖戶登記，可知目前魚塭使用權是零散的，鮮少有魚塭總面積達 40 公頃的單一養殖戶，也少有面積達 4 公頃的單一魚塭，因此，從空間條件面向判斷，「黑琵牌」原先認證的條件可能需要調整，以因應魚塭養殖的現況。

根據空間關係的分析，本計畫以南大西校區、北魚塭、東魚塭、及保護區以南等地區列為策略研擬的操作範圍。

好蝦冏男社抓蝦體驗

「好蝦冏男社」跳脫過去白蝦養殖模式，以不傷害土地環境為最高原則，採不抽取地下水、不投藥劑、生態混養等方式，營造蝦子天然的生活環境。本次工作坊為了讓成員更直接與快速建立同理心，將成員帶入實際社群，除了瞭解白蝦養殖之環境，更進一步操作捕蝦機具，進行抓蝦體驗。

圖例

長年淺水養殖（文蛤，麒麟龍鬚菜）

長年深水養殖（石斑，烏魚）

季節性養殖（虱目魚，蝦）

其他

圖例

虱目魚養殖池

虱目魚苗越冬養殖池

文蛤養殖池

在地口語化的題目單

當工作坊題目單從市府單位與專業領域（個案操作01~08）進入在地民眾時，地方口語化的呈現；「那，咱的七股嘞？」將有助於拉近參與者的距離。另外，本次題目單為探討七股品牌構想，參考「老鷹紅豆」的模式，針對契作時間、保護生態特色、在地漁民合夥方式、需求的資源與協助等四面向進行討論，蒐集各方意見。

從拓樸分析發現議題

本團隊於第二場工作坊前針對水產養殖、生物及鳥類研究、水資源管理與濕地生態等各不同領域的專家學者進行訪談，瞭解各個領域對「友善黑琵養殖」的理解與看法。完成各專家的訪談後，本團隊利用拓樸方法建立知識地圖（下圖），輔助釐清各專家描述的內容是否交集。（下圖右上）示範從拓樸分析法中發現交集的例子，顯示多位專家提到漁民的「配合研究」，但各別提到的配合項目是養殖環境監測、養殖行為監測或生物調查，則「配合研究」可列為工作坊的作討論內容；（下圖右下）則是「調查覓食需求」的例子，專家們分別提到覓食需求與季節、食物量、覓食動作有關，也可列入工作坊操作內容。

拓樸分析有助於本團隊以各專業者的觀點為基礎知識，設計工作坊的討論重點與流程。

三、場域選定

本次個案操作的場域移動囊跨「教育」：《從產地到餐桌》校園推廣分享活動、「展售」：臺北展售系列活動、「跨界推廣」：《吃虱目魚的十種態度》跨界推廣系列活動、與「參訪」：臺灣西南沿海參訪活動，四大類別之活動。

《從產地到餐桌》校園推廣分享活動

「從產地到餐桌計畫」除了與臺南地區高級中學合作外（臺南市立第二高級中學、臺南女子高級中學），更鎖定臺灣北、中、南三所餐旅專業之指標大學：輔仁大學餐旅管理系、東海大學餐旅管理系、以及高雄餐旅大學西餐系，共計舉辦 5 場活動。希望透過友善環境的食材教育，除了讓學生認識食材故事

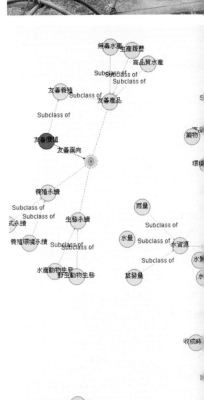

從拓樸分析發現議題

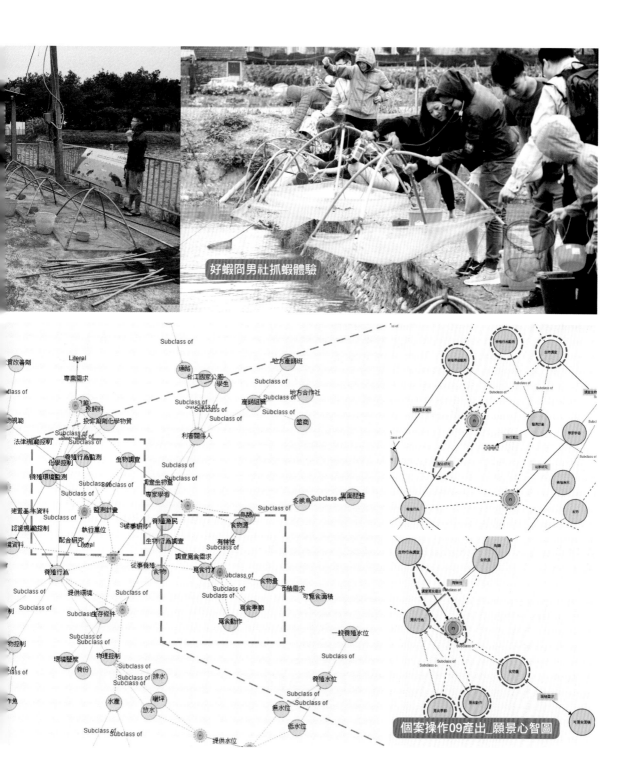

好蝦冏男社抓蝦體驗

個案操作09產出_願景心智圖

人生百味《街頭故事書》

人生百味臺北萬華基地-「南機拌飯」、臺北車站

食倉鮮切牛排
《思慕食倉清酒香-菊富士品飲會》

臺南市北門路二段30號

嚼嚼生活研究室
《虱目魚鹹派教學＆實作課程》

臺南市永康區文化路42號

雄雄食社

臺南市東區東光路二段152號

外，更實際動手製作創新的虱目魚料理。

臺北展售系列活動

為協助「黑琵牌」加強北臺灣的曝光度，除了參與行政院於臺北舉辦之「濕地市集嘉年華」，並與進駐臺北花博公園的神農市集合作，企劃為期兩個月的短期展銷活動。

《吃虱目魚的十種態度》跨界活動系列活動

此系列的跨界推廣活動為全國性巡迴合作，尋找全臺具有社會責任或是環境關懷的單位合作，讓民眾藉由不同管道認識「黑琵牌」，更讓消費者認知友善養殖以及永續農業的價值與理念。總計舉辦以下5場活動：

1. 第一跑：人生百味《街頭故事書》(臺北市)
2. 第二跑：雄雄食社《雄黑琵-鹹派快閃》(臺南市)
3. 第三跑：食倉鮮切牛排《思慕食倉清酒香-菊富士品飲會》(臺南市)
4. 第四跑：嚼嚼生活研究室《虱目魚鹹派教學＆實作課程》(臺南市)
5. 第五跑：老爺行旅《嗨，海 Hi Hai- 戲劇、飲食與傳說主題展》(臺南市)

臺灣西南沿海參訪活動

以體驗臺灣西南沿海一帶生態濕地與養殖漁業為主要目標，希冀藉由瞭解雲林與嘉義地區之相關養殖業者與社區營造案例，作為後續工作坊與臺南臺江一帶社區與產業發展之參考範例。本次參訪選定雲林口湖鄉成龍溼地與嘉義布袋邱家兄弟的兩個案例，透過導覽對談以及體驗行程，讓參與者更加瞭解在生態保育之下，如何促進養殖產業的發展。

2016 濕地市集嘉年華

神農市場 MAJI Food & Deli

輔仁大學
餐旅管理系

臺灣北部餐旅專業之指標大學

東海大學餐旅管理系

臺灣中部餐旅專業之指標大學

金湖休閒農業發展協會

雲林口湖

**生態養殖參訪
邱家兄弟**

嘉義布袋

圖例

> 教育：《從產地到餐桌》校園推廣分享活動

> 展售：臺北展售系列活動

> 跨界活動：《吃虱目魚的十種態度》跨界推廣系列活動

> 參訪：臺灣西南沿海參訪活動

**老爺行旅
《嗨,海Hi Hai-戲劇、飲食與傳說主題展》**

臺南老爺行旅6789 Gallery

高雄餐旅大學西餐系

臺灣南部餐旅專業之指標大學

臺南市立第二高級中學

臺南女子高級中學

專案計畫肆、營造友善黑面琵鷺魚塭棲地保育產品行銷暨社會企業推動計畫反思與回饋

一、關鍵點

在黑琵牌友善養殖推廣理念暨社會企業形塑計畫中，主要權益關係人除了黑琵牌創立者－臺江國家公園管理處外（以下簡稱臺管處），還包含具部分土地管理權的臺南大學，以及未來可能參與黑琵牌生銷售的在地養殖漁戶及相關社會企業。

在過程中，不同權益關係人間的信任感，是計畫推行的首要關鍵；在工作坊舉辦前，執行團隊在各方權益關係人之間溝通遊說，特別是需說服臺管處與在地養殖漁戶，暫且放下對彼此的既有偏見，才能讓不同權益關係人參與工作坊，聆聽彼此並相互交流與溝通。然工作坊僅能建立初步信任，信任關係的累積仍需仰賴彼此持續的交流，以及資源的互補與共享；如養殖戶需要引水道疏通，臺管處可給予行政上與技術上的協助，而臺管處需要了解冬季候鳥的狀況，養殖戶也可以做為志工，於農閒時協助觀察。由此累績足夠的信任關係，以為後續合作的基礎。

此外，計畫本身仍需要足夠的誘因，對於操作團隊而言，則需掌握各權益關係人所關心之事，方能進行有效的溝通協調。如對於潛在企業而言，操作團隊需令其看見黑琵牌所可能產生的利潤，才能使其願意長期投資與經營。

（阿姆斯特丹大學 博士候選人 陳德容）

在黑琵牌友善養殖推廣理念與社會企業形塑計畫中，權益關係人多面向且錯綜複雜，成功關鍵因素便是建立彼此的溝通橋樑與利益的平衡點。

其中最主要的利害衝突便是地方社區以及臺江國家公園的立場，臺江國家公園在設立前，地方社區的養殖產業在市場導向與衝擊下，已隨時間與空間更迭發展；另一方面，台江國家公園的立場希冀維持 400 年來的動態文化地景與生態保育，形塑具有「里山里海」共生的產業體系。

此案以國家公園的長遠發展來看，的確具有高度宏觀願景，但可惜的是地方社區與產業發展早於國家公園成立近百年，根深蒂固的關係利害網絡無法快速被改變，嚴重造成地方社區與國家公園的對立關係與不信任感，因此本案的關鍵重點應從地方社區出發，需要長時間經營社區共識與陪伴計畫，逐漸建立兩方在溝通上的橋樑，在此第三方學術單位或是 NGO 或 NPO 的介入變扮演著非常重要的潤滑劑，不斷的研究與分析，找尋符合雙方利益的平衡點。

（C-Hub 成大創意基地 產業長 張彥頡）

二、具有突破性的事

在工作坊籌備期間，本團隊對各權益關係人進行訪談，並就結果加以分析後，針對黑琵牌提出一套新的操作模式，並以此說服臺管處。此一突破擴大了黑琵牌的參與，同時亦讓工作坊的討論更為具體可行。

在本案初期，臺管處僅認定淺坪虱目魚養殖為友善黑琵的養殖模式，並期待現行養殖戶能捐出養殖面積的十分之一作淺坪虱目魚養殖，而臺管處則予以黑琵牌認證，以提升其產品價值。團隊試從營運與空間分析該構想，結果發現其可行性極低；即便可行，養殖戶所「捐獻」的破碎魚塭也並不符合黑面琵鷺所喜之覓食環境。同時在和養殖戶接觸過程中發現，現在保育區周邊多數屬文蛤養殖，而文蛤養殖亦採相對友善環境的養殖模式，因此團隊成功說服臺管處將黑琵牌的授予對象，擴大至不限養殖物種的友善環境養殖模式。

台管處對於黑琵牌認定上的態度轉變，使得周邊的文蛤養殖得以納入成為潛在參與者，也讓計畫的推行前進了一大步。

（阿姆斯特丹大學 博士候選人 陳德容）

本案 C-Hub 成大創意基地與臺管處合作近兩年，第一年切入點僅有後端行銷介面的處理，協助黑琵牌市場上的形象與宣傳管道的建立，但卻發現前端地方社區與台管處在產業發展立場上並無取得任何共識下，市場發揮能力有限。

於是第二年調整方向，與成功大學都市計畫學系的研究團隊合作，從社區共識利基出發，結合原有的行銷策略雙管齊下，在社區共識上，透過多場次的利害關係人訪談以及工作坊操作後，逐步釐清黑琵牌的操作策略應調整為社區共識有先，應先處理當地魚塭條件，如水路排放、聯外道路以及相關環境工程等，爾後再多次共識工作坊後，再逐步釐清友善養殖的定義與規範，故本計畫團隊在兩年計畫後，便建議由水利相關研究單位接續與臺管處合作，以銜接此兩年之研究成果與未來規劃。

（C-Hub 成大創意基地 產業長 張彥頡）

三、困難點

工作坊執行過程中，要成功令各權益關係人都能試著多向溝通、換位思考，是過程中最困難的事，即使在工作坊前已針對討論內容進行多次溝通，但在短時間內仍難以讓各方完全放下成見，工作坊的討論一不留意即可能淪為情緒性的抱怨；因此工作坊中持續引導理性討論的氛圍實屬不易。此外，在既定的權力關係下，很難讓平等溝通完全實現；例如長官和下屬、或里長和漁民等，共同參與討論時，不平等權力關係下所形成的「默契」，都可能影響工作坊中的意

見表達與資訊傳達。

（阿姆斯特丹大學 博士候選人 陳德容）

黑琵牌係公部門發起的品牌，尚未獲得地方產業與團體的支持，不具有完整的夥伴策略以及市場行銷策略，故黑琵牌面臨產地不支持與市場無辨識度的雙重困難度。

首先在產地現況與市場導向上，原七股鄉的三股村與十份村現今已改變以文蛤混養模式為大宗，與黑琵牌的養殖理念有極大的出入；再者市場端有眾多的虱目魚產品，黑琵牌雖在淺坪低密度養殖上有部分賣點，但主要行銷模式還是藉由故事行銷推廣，以 400 年來的動態地景與黑面琵鷺保育來說服消費者，具有高度的操作難度。在此兩項不利因素之下，黑琵牌的推廣具有叫好不叫座的危機，也讓成大研究團隊需從兩個面向同步著手研擬策略，產地與行銷的互相影響與拉扯是本案極大的困難之處。

（C-Hub 成大創意基地 產業長 張彥頡）

四、最具價值的地方

在計畫操作的過程中，讓各權益關係人看見更多發展的可能性，是最具價值的事—這是必須透過工作坊的操作，或是相互交流的參訪活動，才能達到的效果。

第一次工作坊結束後，當地漁民和臺管處的長官均表示，這是第一次雙方可以

理性的進行溝通，而不像在過去說明會之類的場合中惡言相向；這讓彼此都能看到一些可能的合作模式。而第二次的專家工作坊，由不同領域的專家學者以及臺管處的長官共同討論並釐清現況，整理出進一步發展「擴大參與對象後的黑琵牌」的可能具體操作。

另外，期中所舉辦的友善環境養殖的參訪也相當成功，參與活動的七股當地漁民，和參訪地嘉義的養殖漁戶產生熱烈的討論，活動結束之後，當地漁民則萌生以生態觀光來推動地方友善環境養殖的想法。而這些權益關係人在觀念、態度及彼此關係的正向轉變，都是計畫執行過程中很寶貴的成果。

（阿姆斯特丹大學 博士候選人 陳德容）

重新檢視台江地區的地緣關係與夥伴關係，回到臺管處的本位與職責，在不介入複雜產業結構之下，優先處理養殖環境與保育作業，再者由於台江國家公園為二代國家公園，需與當地居民建立良好夥伴關係，釐清產業與保育之間的衝突與共好模式，一直都是本案最有價值的地方。

黑琵牌欲建立的里山里海動態地景模式，無可避免的便是建立與利害關係人的夥伴關係，而在多次的工作坊與訪談後，本研究團隊抽絲剝繭，逐步釐清黑琵牌的現況與困境後，提出具體可操作的模式，對於未來國家公園與地方產業合作上有相當之成果與貢獻。

（C-Hub 成大創意基地 產業長 張彥頡）

五、其他值得分享

本計畫案各權益關係人的特質迥異，加上過去種種事件造成權益關係人間的衝突關係，均增加了工作坊設計的難度。雖然在結果上，工作坊確實達到相互溝通的效果，但並非對所有人而言都是友善舒服、能夠暢所欲言的環境。

在第一次工作坊中，就有位遇發言就臨陣脫逃的養殖漁民，工作坊結束後，漁民也紛紛抱怨，真的要溝通合作，就應該來塭寮一邊喝茶一邊談。而第二次的專家工作坊，部分專家學者也對於活動式的討論感到不滿，認為是專業性不足的表現。「工作坊形式需針對參與對象性質設計」雖是看似簡單的原則，在實踐上仍有相當難度，特別是在各方權益關係人有極大差異時。

然而在這種情形下，更需利用工作坊使各方權益關係人的面對面進行溝通。因此，還需要更多的經驗，才能引導出更為成熟的工作坊設計。在未來期待有更多類似的操作經驗，或是不同操作團隊經驗分享的機會，共同發展使工作坊成為一更能有效、更為細緻的操作工具。

（阿姆斯特丹大學 博士候選人 陳德容）

從里山里海的發想國家日本出發，乃至中美洲巴拿馬生態雨林的生態導覽概念，是現今環境保育的趨勢，也是人類產業與生態共存的不二法門。

縱觀國內外的相關案例後，便不難發現平衡各方權力關係人的共識與合作是維繫生態與產業的重要基石，其中公部門與地方產業（私部門）的衝突最為強烈；公部門多以國家整體政策為基礎考量，而地方產業卻是在發展產業最大化之下所形成的自由經濟，兩者的矛盾點在里山里海的經營上時常面臨極大的挑戰。

故在此兩極化的主體本位上，我們不難發現公部門代理人以及私部門代理人的重要性，公部門代理人多為非營利、非政府組織或是學術機關，協助公部門在政策與執行上的專業評估與溝通角色；而私部門代理人多為產業發展協會、公會或是社區發展組織，扮演地方社群與產業的意見整合平台，能有效形成社區經營與產業發展的共識，並連結到公部門代理人的專業評估。

C-Hub 成大創意基地（公部門代理人）以及地方產銷班（私部門代理人）兩者便在本案發揮極重要的溝通角色，對於後續相關權力關係人之研究與實際操作有一定的助益。

（C-Hub 成大創意基地 產業長 張彥頡）

伍、印尼提高東協競爭力
城市創新領導人才培育行動論壇

伍、印尼提高東協競爭力 城市創新領導人才培育行動論壇

個案操作 10
印尼城市創意規劃工作坊

一、工作坊主軸與流程

人員組成

帕朗卡拉亞市

Dr. Ir. Mofit Saptono Subagio, M.P（副市長）、H. Rahmadi Hamlin Noor, SH., MPA.（地方發展規劃處處長）、H. Akhmad Fordiansyah Baduani, S.H.（地方財政廳局長）、H. Akhmad Fauliansyah, S.H.（社會勞工處處長）、Ir. Anwar Sanusi Umarnur, MM., MT.（災害管理和消防局局長)...等，總計 10 人。

山口洋市

Drs. H. Awang Ishak, M.Si（市長）、Drs. H. M. Nadjib, M.Si（教育部主任），總計 2 人。

加查馬達大學（日惹市）

Dr. Erwan Agus Purwanto, M.Si（社會政治學院院長）、Prof. Dr. Agus Pramusinto（公共政策與管理系主任）、Dyah Ratih Sulistyastuti, M.Si（社會政治學院人員）、Nurhadi Susanto, SH., M.Hum（公共行政助理培訓部門的工作人員），總計 4 人。

♡　同理心
❓　問題定義
💡　創意發想
🔨　原型製作
▷　測試

↓　工作坊第一階段
↓　工作坊第二階段
⇓　工作坊第三階段

[印尼]
2016年4月27日至29日
需求了解
• 與印尼四個城市主管對話

[印尼] [臺南]
2016年5月至6月
工作坊模式擬定

[印尼]
2016年11月20、21日
定義問題
• 印尼於東協經濟共同體之定位
• 地方治理和地方競爭力

[臺南]
2016年11月23日
工作坊挑戰：2026未來城市願景
• 體驗：C-Hub Demo Day
• 訪問與對話：臺南市政府

[臺南]
2016年11月24日
城市願景原型發想
• 案例：體驗與加值_蓮花茶
• 城市踏勘：臺南文化夜遊

[臺南]
2016年11月25日
想法概念與原型
• 原型：塑造城市品牌
• 案例：支持區域發展的宏觀基礎設施

[臺北] [桃園]
2016年11月26日
臺灣基礎設施踏勘
• 體驗臺灣交通基礎設施
• 對話：世曦工程顧問股份有限公司

[印尼]
2017年
提案修正

A組
引導師 助理

B組
引導師 助理

C組
引導師 助理

○ 印尼

○ 臺灣

↻ 橋接者

工作坊流程

個案操作 10 的流程主要分成三個階段，第一階段；2016 年 4 月至 6 月，成大規劃與設計學院代表前往印尼了解對方需求，並共同商討工作坊運作模式。

第二階段；2016 年 11 月 20 日至 11 月 26 日，工作坊一開始由印尼加查馬達大學在日惹舉辦為期兩天的焦點論壇，聚焦關鍵問題：1. 印尼於東協經濟共同體之定位；2. 地方治理和地方競爭力，並形成共識。

緊接著飛往臺灣臺南與成功大學工作坊團隊協力共創 2026 未來城市願景之原型。在四天的工作坊中，除了安排成員參與 C-Hub Demo Day 作為共創發想之起始，更透過蓮花茶、臺南五條港文化園區文化夜遊等案例的實地體驗，誘發成員對自身城市與產業的想像。工作坊最後一天則與世曦工程顧問股份有限公司合作，實地前往臺灣重要交通基礎設施進行體驗。

第三階段；2017 年，工作坊成員們將成果帶回印尼深化，並提出修正方案，其中帕朗卡拉亞市將更進一步落實為該城市之執行政策。

二、衍伸與差異

關鍵角色：規劃者及橋接者

此次個案操作的規劃者是成大創意產業設計研究所博士候選人蔡妤佩。橋接者是博士後研究員 Ottavia Huang。他們兩位從 4 月開始參與策劃，盤點臺灣與印尼的政府、大學以及產業相關資源，針對城市創新等議題從中橋接彼此利害關係，並落實至國際設計工作坊，使其達到互惠狀態。

角色引入：印尼籍學生與設計思考專業者

個案操作 10 為了讓來自印尼的工作坊成員們能更容易融入工作坊情境，特地引入成功大學印尼籍在學學生，降低參與者的疏離

角色引入：印尼籍學生

re-Inspirited
3D Printing Series

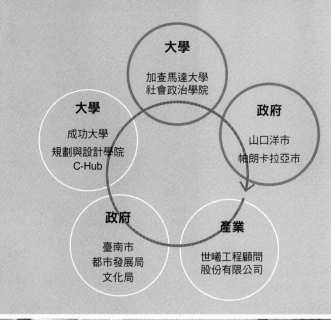

大學
加查馬達大學
社會政治學院

大學
成功大學
規劃與設計學院
C-Hub

政府
山口洋市
帕朗卡拉亞市

政府
臺南市
都市發展局
文化局

產業
世曦工程顧問
股份有限公司

角色扮演：橋接者

C-HUB
DEMO DAY
2016

角色扮演：產品與服務專業者

traption
rkshop

sKY
ASSOCIATIVE

Hub Demo Day

感。另外，亦邀請設計思考專業者協助共作坊的研擬與進行。

C-Hub Demo Day (2016)

C-Hub Demo Day 旨在展現 C-Hub 設立 2 年來成功大學師生跨域創新與企業的合作產出，包括電子紙、自行設計組裝的 3D 列印機具、3D 列印的樹枝狀燈具、動態影像數位生成織品、瓦楞紙家具及燈飾等。

體驗與加值＿蓮花茶

本次個案操作針對印尼茶業，邀請臺灣相關業者分享在地農產品「蓮花茶」，過程中不僅讓成員體驗蓮花在杯中綻放的驚奇感，更進一步講述透過產品設計與體驗經濟之思維後所產生的加值效應。

個案操作 10 產出＿集體願景心智圖

集體願景心智圖是一種圖像式思考輔助工具，如右圖中成員們以特有殯葬文化儀式「Tiwah」為核心進行討論，發想出合作、旅游、教育、在地經濟、宗教、烹飪、生活等第二層級議題，後續則以此立基深化，期間得以意象照片及便利貼等工具進行補充。

同理心建立：宗教的尊重與安排

由於工作坊成員主要信奉伊斯蘭教，每天必須面向麥加的克爾白禮拜五次，因此前述橋接者於事前的了解與工作坊的時程安排則顯得非常重要，禮拜地點則引領至成功大學 2016 年 11 月啟用之「穆斯林祈禱室」進行。

三、場域選定

工作坊地點

本次工作坊先於印尼的加查馬達大學進行兩天的前導工作坊講習，後續則移至臺灣臺南 C-Hub 成大創意基地進行為期四天的設計工作坊，期間更帶領學員前往臺南五條港文化園區進行參訪，體驗老屋的在地藝術改造。

體驗與加值_愛蓮絡蓮花茶

TRADITIONAL
OUVENIR & HANDICRAFT
FARM
TOURISM
AGENCY
FLOATING
BUILDING
LOCAL
BUSINESS
RITUAL
RELIGION
BELIEF
CULINARY
PAKIS
& UMBUT
LIFE
LOCAL
COMMUNITY

個案操作10產出_願景心智圖

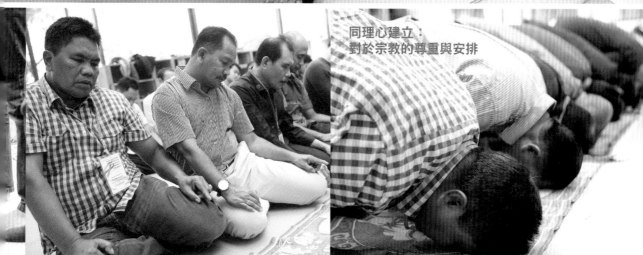

同理心建立：
對於宗教的尊重與安排

桃園國際機場捷運
桃園市

臺南高鐵車站
臺南市

照片提供 / 尤立文

C-Hub 成大創意基地
臺南市

山口洋市

照片提供 / Norman Bor

印尼 _ 加查馬達大學

加查馬達大學是位於印度尼西亞日惹的一所公立研究型大學，正式創立於 1949 年 12 月 9 日（但大學的第一堂課早於 1946 年便開始），故該大學實為印尼最古老的高等教育機構，也是頗富盛名的大學之一。

臺南 _ 五條港文化園區

五條港是昔日清朝時存在於今臺南市中西區裡的五條商用港道，其範圍約在今中正路以北、新美街以西、成功路以南左右，是以前臺灣府城最重要的商業門戶。

工作坊焦點城市

本次工作坊主要聚焦在印尼的兩座城市：帕朗卡拉亞市與山口洋市。

帕朗卡拉亞市是印度尼西亞中加里曼丹省的首府，該市人口約 160,018 人（2000 年）。印尼第一任總統蘇加諾曾建議將印尼首都從雅加達遷移到這一座城市。

山口洋市是位於印度尼西亞西加里曼丹省北部的濱海城市，為西加省第二大城，人口大約有 197,079 人（2007 年）。

臺灣基礎交通設施參訪

設計工作坊除了對於城市願景的發想外，更進一步引領成員從南至北體驗並了解臺灣基礎交通設施，藉此作為上述印尼城市發展之參照。

臺南高鐵車站與臺灣鐵路管理局沙崙線沙崙車站共站，本站採用特殊的高速鐵路站軌分離設計方式，因此站體與高鐵主線須以高架橋樑相互連結。

臺北捷運路網範圍涵蓋臺北市、新北市與桃園市，為臺灣第一座投入營運、也是規模最大的捷運系統。

桃園國際機場捷運為臺灣第一個以提供機場聯外交通為主要目的之捷運線、也是臺灣第一條有非每站停靠的營運模式的捷運線，亦兼具一般捷運系統的城際運輸及通勤功能。

臺北捷運
臺北市

照片提供 /林俞均

五條港文化園區
臺南市

照片提供 / 林玫君

帕朗卡拉亞市

照片提供 / 帕朗卡拉亞市

加查馬達大學
日惹市

照片提供 / 加查馬達大學

專案計畫伍、印尼提高東協競爭力城市創新領導人才培育行動論壇反思與回饋

一、關鍵點

在設計思考的流程當中，執行團隊必須擁抱不確定性，並面對著一群對所有事物都充滿疑問的參與者，隨時改變執行的方式與找到讓參與者留下來的理由，是在執行過程中，最關鍵的態度。執行團隊對於自身城市（臺南）的熱情與了解，歷經眾多以城市為題的創意官僚發想，進而影響參與者讓他們找尋到自身城市的品牌及對未來的想像，是能夠說明國際影響力的關鍵資源。

在設計思考中，我們常說保持飢餓、保持好奇，而三天的駐地密集工作帶給參與者的，是啟發他們全心透入設計挑戰所引發的所有想像，並且接受挑戰提出行動方案的可行性，造成他們對於自身城市的黏著度與熱情。

（成功大學創意產業設計研究所 博士候選人 蔡妤珮）

透過工作坊，讓參與者學習到設計思維的轉化，並在工作坊中應用於城市案例與設計創意。以下歸納出幾項學習重點：

重要／創新因素：
本案採用產，官，學的合作模式，三方互助合作對此案形成一定的影響。以蓮花茶案例來說，著重在農特產品的服務創意設計，以此增加產品的附加價值。至於邀請臺南市政府文化局的官員前來，則著重於分享臺灣地方政府在文化特區的規劃及文化藝術類慶典的做法。

最後是參訪五條港文化園區及臺灣的基礎設施與設計，其中，特別邀請臺灣世曦的工程師和高階主管進行導覽，由計畫人員提供第一手經驗，啟發印尼官員城市經營的創新概念。珍貴的第一手經驗加上與關鍵人物的直接對談豐富了整個參訪。

在工作坊之前先於 4 月底在日惹加查馬達大學舉辦城市論壇，工作坊中的相關案例即是選取自論壇，論壇中，每個城市介紹各自的城市特色及政府單位現況，之後則由加查馬達大學（University Gadjah Mada）以合作夥伴的關係參與。加查馬達大學了解當地文化並熟悉印尼政府單位對此工作坊的目標及期盼。其中，各印尼政府特別對於加查馬達大學對臺灣相關經驗的調查與研究感興趣。

工作坊以設計思考為操作方法引導參與人員討論，在臺的印尼學生利用其文化經驗成為雙方的媒介協助蒐集研究數據，引導師則輔助討論並將想法視覺化，藉此刺激更多創意。

（成功大學創意產業設計研究所 博士後研究員 Ottavia Huang）

二、具有突破性的事

跨國工工作營或研討會，挑戰的是工作與休閒間的選擇，每天早上參與者都可以選擇給你一個理由不來參加反而到景點去觀光，尤其又像臺南市一個如此迷人人的城市。

創意官僚設計思考引導者在這個時間點，扮演著一個「如何讓公務工作變有趣」的轉戾點，因此在本次工作營規劃當中，加入了創意工作者（引導與視覺紀錄）在團隊當中，若從會後的分享看出，參與者很驕傲也不太相信自己居然為城市提出了有影響力的倡議方案，或許部分因為公務體系對於視覺溝通的工作方式相當陌生。透過文化創新的作法，具象化的重新梳理城市品牌（樣貌與靈魂），進一步地找出政策資源的重新配對，短時間就共創出可行性很高的願景策略方案。因此從執行的角度來看，本次執行最大的突破，就是團隊人氣的攀升，讓我們都感受到印尼炙熱的陽光與熱情了。

（成功大學創意產業設計研究所 博士候選人 蔡妤珮）

三、困難點

整體而言，從前期的訪談與理解、工作坊的實踐到後續追蹤印尼政府與 UGM 的跟進計畫，政治與文化轉譯在過程當中，耗費將近一般工作坊三倍的時間進行，才了解到雙方方真正的顧慮與需求。在當中，政治因素是達成去階級化的討論與產生領導力的展現是在創意官僚中最迷人也最弔詭的部分，以帕朗卡拉亞市為例，副市長透過與團隊深度的討論，找出兩個從觀光（千湖之市）與文化（傳統習俗體驗）角度形塑城市的亮點，激起團隊對於自身特色的熱情，再吸引其他城市的人展現觀光的可能性，儘管在臺南異質文化的環境中，依然展現出體驗後學習的成果。

（成功大學創意產業設計研究所 博士候選人 蔡妤珮）

此工作坊最大的挑戰在於內容是否符合印尼城市實際需要，另一挑戰則在縮短印尼市政府與臺灣設計師的差距。

在城市論壇後，工作坊執行前，曾多次修改工作坊內容和流程，執行時更持續的修正與調整，以求依據成大與加大的不同需求調整，確保內容能對印尼未來城市發展最為相關，符合雙方面的現實狀況。很榮幸藉由這個計畫與加查馬達大學攜手合作，臺印雙方在地知識的溝通被視為聯合承辦訓練中重要的項目。

工作坊的各個與會單位皆來自不同文化背景（印尼與臺灣）和不同專業領域（引導師，政府官員，學界或是業界），文化和專業間的差異在工作坊中極難避免。因此花費許多精力在工作坊事前與執行期間的準備與協調，讓各個單位意見趨於一致。臺灣引導師受邀參與工作坊的執行，在臺就學的印尼學生則成為臺灣引導師與印尼單位的文化媒介（cultural facilitators）使得臺灣脈絡更能被印尼理解，特別是與臺灣引導師溝通意見時，學生協助溝通設計想法以及印尼文化價值。在此，臺印之間脈絡的詮釋已經超越語言溝通，延伸至知識，創意，文化價值和相互期待的傳達。這些文化媒介的重要工作之一是確認雙方可以很輕易的理解對方文化，不需要詢問太多就能輕易避免文化上的誤解。

（成功大學創意產業設計研究所 博士後研究員 Ottavia Huang）

四、最具價值的地方

本次工作坊讓我們再次相信，成功大學是一所讓世界踏實逐步前進的地方，從規劃設計學院出發，影響到市政的規劃，從工學院出發，讓工程先進技術實踐到世界的某個角落，在一個城市的願景規劃當中，看見推廣市政的參與者對於「發展」的需求，而創意官僚的對話，是讓每個被詢問的問題，都有機會得到專業、關鍵的答案，再來定義是否需要迫切地被解決或是透過溝通的方式有機會找出對於世界永續發展共同的願景，若說值得驕傲的地方，在這個工作營過程中，城市發展不應該是犧牲環境與人的生活品質所建構的，而是透過探索與分析工具，找到各自獨特的發展方式。

（成功大學創意產業設計研究所 博士候選人 蔡妤珮）

雖然此次工作坊為期不長，但所達成目標卻非常可觀。每天滿滿的行程，接連的參訪, 討論和簡報。從互動中可發現，印尼單位因為回國後必須回報工作坊成果，而有清楚的目標共識以及強烈的動機。這些因素正是讓工作坊成功的要素。

（成功大學創意產業設計研究所 博士後研究員 Ottavia Huang）

五、其他值得分享

帕朗卡拉亞市當時有一位女性的參與者，在最後分享時因為英文能力的關係，被推舉要做簡報分享，但是當下她是非常的困擾，因為必須跟副市長在前後場次分享，她推辭了多次，不希望踰越了該有的份際，更不能讓他的先生感到困擾，但在成大蘇校長的鼓勵之下，她勇敢的代表團隊分享出他對於城市的願景與夢想。

會後約半年，她寫來簡訊問候，同時告知參與者之一的副市長 Dr. Mofit 成功的說服市長支持到臺灣來做的城市品牌規劃專案，同時也指派她擔任跨部門的溝通者（都市規劃辦公室主任），引導大家用設計思考的方式討論市政，並且將當時另一個因為臺南市政府文化局分享案例（鹽水蜂炮與月津港燈節）所發想的傳統文化體驗旅遊專案成功的在旅遊局實踐，我想這是創意官僚工作營對於世界的某個角落可以產生影響力的最好應證，或許不會是施政白皮書上的旗艦計畫，但卻有機會由下而上鼓勵行動方案的形成與延續，成為政府激勵人力資源的施政工具。

（成功大學創意產業設計研究所 博士候選人 蔡妤珮）

觀察中也發現，地方脈絡在各個案例經驗中佔有關鍵的角色。

啟發（inspirations）與創意激發（idea generations）應保持一定的平衡，這樣的平衡可以維持雙方持續互動（engaged）。另一個觀察重點是對雙方的文化及信仰的尊重與認可，並藉此增進彼此間的信任。

工作坊設立文化媒介的角色縮短雙方建立信任和理解的時間。譬如加查馬達大學對印尼單位比較熟悉，可以縮短成大引導師和印尼單位之間的差距。成大對於臺灣政府單位、業界和引導師比較熟悉，因此成為印尼相關單位（包含加查馬達大學和政府官員）以及臺灣合作單位（包含臺南市政府，應邀演講者和臺灣世曦工程顧問）的橋樑。

最後一個值得分享的重點是工作坊的設計照顧到不同文化的需求，讓學員熟悉的生活細節中引介新的臺灣經驗，此舉有效的加速與會人員接受新的概念和新環境／文化。例如工作坊餐飲採用印尼便當照顧到不同的飲食需求，聘請爪哇語翻譯以減少語言隔閡，提供膜拜場地給需要的學園，甚至在星期五的行程中安排膜拜時間給有穆斯林信仰的學員，這些因素都間接地促成工作坊的成功。

（成功大學創意產業設計研究所 博士後研究員 Ottavia Huang）

謝誌

　　首先，我要謝謝所有參與本書所提工作坊的朋友們，不管是來自臺南市政府、臺江國家公園管理處、印尼帕朗卡拉亞市及山口洋市政府、印尼日惹加達馬達大學、AECOM 國際工程顧問公司、白鷺鷥文教基金會、國立成功大學、以及臺南地方相關社團與創意組織及個人；他們是這些年來，跟著我們團隊一起探索、共同創作這本書的夥伴，跟這些單位與機構一起工作，讓我們相信「創意官僚」不會只是夢想！如果有心，大家可以攜手一步一步推進。

　　其次，要感謝在論壇中提出專業知識、經驗與洞見，不吝於分享的學者專家們，包含徐明福教授、傅朝卿教授、蘇文鈺教授、張懿教授、王榮文董事長、陳立恆總裁、姚仁祿創意長、劉泓志資深副總裁、李立人副總裁、沈同生執行總監、王順隆董事長、陳郁然前總裁、胡佑宗總經理、張瑾文副總經理、王福裕先生與林佑澂創辦人。

　　當然，沒有陳郁秀董事長的熱忱與發起，賴清德市長的支持，陳美伶秘書長的協調，葉澤山局長、吳欣修局長、方進呈局長、張政源局長、許漢卿局長與陳俊安局長的帶動，方瓊瑤前處長的串聯，所有大膽的想像都只能停留在雲端而無法落地，非常感謝他們多年來一起參與付諸行動！

　　同時，要謝謝國立成功大學規劃與設計學院的同仁與學生。林峰田前院長與吳豐光院長的信任，以及鄭泰昇主任、孔憲法主任、馬敏元主任與劉世南所長的支持，讓成大文創育成中心隨著這些專案一起成長，逐漸轉型為 C-Hub 成大創意基地，得以匯集大學、產業、城市的人才與資源，運用設計思考培育跨領域及產業創新的人才。還有從最開始協助建立設計思考工作坊模式的建築系研究生，之後的創產所師生與都計系師生，以及林珊產業長、張彥頡前產業長、蔡妤珮博士候選人、Ottavia Huang 助理研究員與葉碧玲博士後研究員，我想對他們表示最誠摯的謝意，他們的熱情、才華與好奇心，是不同階段驅使團隊向前邁進的動力。

　　最後，要感謝林建帆先生、李鈺晴小姐，陳子欽先生，他們在編輯階段的投入，使本書得以用比較接近原先構想的面貌出現。

劉舜仁於柏林

國家圖書館出版品預行編目(CIP)資料

大象跳舞：從設計思考到創意官僚 / 劉舜仁著. -- 初版.
-- 臺北市：白鷺鷥基金會, 遠流, 2018.4
面：18.2*25.7公分
ISBN 978-957-98518-8-6 (平裝)

1. 文化政策 2. 文化產業 3. 創意 4. 臺南市

541.2933   106024763

大象跳舞
從設計思考到創意官僚

Elephant Dancing
Creative Bureaucracy through Design Thinking

主編	陳郁秀
作者	劉舜仁
責任編輯	LiLinLab.
校對	林珊、陳子欽
合作出版	白鷺鷥文教基金會
	臺北市大安區麗水街9巷6號3樓
	電話：(02)2393-1088　傳真：(02)2393-4595
	遠流出版事業股份有限公司
	臺北市中正區南昌路2段81號6樓
發行人	王榮文
發行單位	遠流出版事業股份有限公司
地址	100臺北市中正區南昌路2段81號6樓
電話	(02) 2392-6899
傳真	(02) 2392-6658
劃撥帳號	0189456-1
著作權顧問	蕭雄淋律師
初版一刷	2018年4月1日
售價	新臺幣 500 元

YL***ib***.com 遠流博識網　http://www.ylib.com　E-mail：ylib@ylib.com